新农村建设丛书

农村土地资源利用与保护

主编 东野光亮
副主编 白清俊

中国建筑工业出版社

图书在版编目(CIP)数据

农村土地资源利用与保护/东野光亮主编. —北京：中国建筑工业出版社，2010
（新农村建设丛书）
ISBN 978-7-112-10593-9

Ⅰ.农… Ⅱ.东… Ⅲ.①农村-土地资源-资源利用-中国②农村-土地资源-资源保护-中国　Ⅳ.F323.211

中国版本图书馆 CIP 数据核字（2009）第 015967 号

新农村建设丛书
农村土地资源利用与保护
主编　东野光亮
副主编　白清俊

*

中国建筑工业出版社出版、发行（北京西郊百万庄）
各地建筑书店、新华书店经销
北京华艺制版公司制版
北京市兴顺印刷厂印刷

*

开本：850×1168 毫米　1/32　印张：8¼　字数：238 千字
2010 年 7 月第一版　2010 年 7 月第一次印刷
定价：19.00 元
ISBN 978-7-112-10593-9
（17518）

版权所有　翻印必究
如有印装质量问题，可寄本社退换
（邮政编码　100037）

土地资源的数量和质量与社会经济的可持续发展密切相关。了解中国土地资源状况，并做出科学评价，对认真贯彻"十分珍惜、合理利用土地和切实保护耕地"的基本国策，加强土地资源规划、管理、保护和合理利用，保障国民经济的持续、快速、健康发展，具有十分重要的意义。

全书共分为七章：分别介绍我国土地资源的状况、利用现状特点和可持续；农村土地资源规划；农村土地资源开发；农村土地资源利用；农村土地资源整治；农村土地资源保护；农村土地资源管理。

本书是社会主义新农村建设的实用性、科普性的引导性读物，适用于农村广大地区的农村朋友、村镇干部、大学生村官及其他从事新农村建设工作的人员等使用。

*　　*　　*

责任编辑：刘　江　张礼庆
责任设计：赵明霞
责任校对：刘　钰　王雪竹

《新农村建设丛书》委员会

顾问委员会

周干峙	中国科学院院士、中国工程院院士、原建设部副部长
山　仑	中国工程院院士、中国科学院水土保持研究所研究员
李兵弟	住房和城乡建设部村镇建设司司长
赵　晖	住房和城乡建设部村镇建设司副司长
董树亭	山东农业大学副校长、教授
明　矩	教育部科技司基础处处长
单卫东	国土资源部科技司处长
李　波	农业部科技司调研员
卢兵友	科技部中国农村技术开发中心星火与信息处副处长、研究员
党国英	中国社会科学院农村发展研究所研究员
冯长春	北京大学城市与环境学院教授
贾　磊	山东大学校长助理、教授
戴震青	亚太建设科技信息研究院总工程师
Herbert kallmayer（郝伯特·卡尔迈耶）	德国巴伐利亚州内政部最高建设局原负责人、慕尼黑工业大学教授、山东农业大学客座教授

农村基层审稿员

曾维泉	四川省绵竹市玉泉镇龙兴村村主任
袁祥生	山东省青州市南张楼村村委主任
宋文静	山东省泰安市泰山区邱家店镇埠阳庄村大学生村官
吴补科	陕西省咸阳市杨凌农业高新产业示范区永安村村民
俞　祥	江苏省扬州市邗江区扬寿镇副镇长

王福臣　黑龙江省拜泉县富强镇公平村一组村民

丛书主编

徐学东　山东农业大学村镇建设工程技术研究中心主任、教授

丛书主审

高　潮　住房和城乡建设部村镇建设专家委员会委员、中国建筑设计研究院研究员

丛书编委会（按姓氏笔画为序）

丁晓欣	卫　琳	牛大刚	王忠波	东野光亮	白清俊
米庆华	刘福胜	李天科	李树枫	李道亮	张可文
张庆华	陈纪军	陆伟刚	宋学东	金兆森	庞清江
赵兴忠	赵法起	段绪胜	徐学东	高明秀	董　洁
董雪艳	温凤荣

本丛书为"十一五"国家科技支撑计划重大项目"村镇空间规划与土地利用关键技术研究"研究成果之一（项目编号2006BAJ05A0712）

丛书序言

建设社会主义新农村是我国现代化进程中的重大历史任务。党的十六届五中全会对新农村建设提出了"生产发展、生活宽裕、乡风文明、村容整洁、管理民主"的总要求。这既是党中央新时期对农村工作的纲领性要求，也是新农村建设必须达到的基本目标。由此可见，社会主义新农村，是社会主义经济建设、政治建设、文化建设、社会建设和党的建设协调推进的新农村，也是繁荣、富裕、民主、文明、和谐的新农村。建设社会主义新农村，需要国家政策推动，政府规划引导和资金支持，更需要新农村建设主力军——广大农民和村镇干部、技术人员团结奋斗，扎实推进。他们所缺乏的也正是实用技术的支持。

由山东农业大学徐学东教授主持编写的《新农村建设丛书》是为新农村建设提供较全面支持的一套涵盖面广、实用性强、语言简练、图文并茂、通俗易懂的好书。非常适合当前新农村建设主力军的广大农民朋友、新农村建设第一线工作的农村技术人员、村镇干部和大学生村官阅读使用。

山东农业大学是一所具有百年历史的知名多科性大学，具有与农村建设相关的齐全的学科门类和较强的学科交叉优势。在为新农村建设服务的过程中，该校已形成一支由多专业专家教授组成，立足农村，服务农民，有较强责任感和科技服务能力的新农村建设研究团队。他们参与了多项"十一五"科技支撑计划课题与建设部课题的研究工作，为新农村建设作出了重要贡献。该丛书的出版非常及时，满足了农村多元化发展的需要。

住房和城乡建设部村镇建设司司长　李兵弟
2010 年 3 月 26 日

·丛书前言·

建设社会主义新农村是党中央、国务院在新形势下为促进农村经济社会全面发展作出的重大战略部署。中央为社会主义新农村建设描绘了"生产发展、生活宽裕、乡风文明、村容整洁、管理民主"的美好蓝图。党的十七届三中全会，进一步提出了"资源节约型、环境友好型农业生态体系基本形成，农村人居和生态环境明显改善，可持续发展能力不断增强"的农村改革发展目标。中央为建设社会主义新农村创造了非常好的政策环境，但是在当前条件下，建设社会主义新农村，是一项非常艰巨的历史任务。农民和村镇干部长期工作在生产建设第一线，是新农村建设的主体，在新农村建设中他们需要系统、全面地了解和掌握各领域的技术知识，以把握好新农村建设的方向，科学、合理有序地搞好建设。

作为新闻出版总署"十一五"规划图书，《新农村建设丛书》正是适应这一需要，针对当前新农村建设中最实际、最关键、最迫切需要解决的问题，特地为具有初中以上文化程度的普通农民、农村技术人员、村镇干部和大学生村官编写的一套大型综合性、知识性、实用性、科普性读物。重点解决上述群体在生活和工作中急需了解的技术问题。本丛书编写的指导思想是：以倡导新型发展理念和健康生活方式为目标，以农村基础设施建设为主要内容，为新农村建设提供全方位的应用技术，有效地指导村镇人居环境的全面提升，引导农民把我国农村建设成为节约、环保、卫生、安全、富裕、舒适、文明、和谐的社会主义新农村。

本丛书由上百位专家教授在深入调查的基础上精心编写，每一分册侧重于新农村建设需求的一个方面，丛书力求深入浅出、语言简练、图文并茂。读者既可收集丛书全部，也可根据实际需求有针对性地选择阅读。

由于我们认识水平所限，丛书的内容安排不一定能完全满足基层的实际需要，缺点错误也在所难免，恳请读者朋友提出批评指正。您在新农村建设中遇到的其他技术问题，也可直接与我们中心联系（电话0538-8249908，E-mail：zgczjs@126.com），我们将组织相关专家尽力给予帮助。

山东农业大学村镇建设工程技术研究中心　徐学东
2010年3月26日

本书前言

推进社会主义新农村建设,是党中央国务院全面建设小康社会和加速实现现代化宏伟目标的重要内容。新农村建设各项事业的发展,必须以土地为基础。"有地斯有粮",土地是农民的命根子。社会主义新农村需要的良好的生活居住环境,也需要土地,甚至建设新农村的精神文明,也离不开土地资源。我们农村广大群众、农业技术人员、农村干部,年复一年地战斗在农业生产第一线,对土地再熟悉不过了,但是真正能系统、全面、科学地了解和掌握土地资源的有关知识,并不断地在生产实践中加以应用,不少人有所欠缺,特别是把土地与环境,与社会,与可持续发展联系在一起,把土地资源的合理开发、利用、整治、保护作为一个整体进行考虑,就更需要丰富的土地科学知识了。此外,在逐步走向法制社会的今天,大家对土地使用和管理中的法律法规还有很多疑问和不够清楚的地方,急需这方面的书籍。为此,《新农村建设丛书》安排出版这一本《农村土地资源利用与保护》,以飨农村广大读者。

本书共分七章。第一章是全书的总论,概括介绍我国土地资源的基本情况及土地科学的一些基本问题,由东野光亮编写;第二章是土地规划的内容,重点讲述各种农业用地的规划和设计,由陈红艳编写;第三章介绍了土地开发和整理的内容,主要是各种农业用地后备资源的开发利用,以及农村居民点的整理,由王凌编写;第四章首先介绍了我国最新的土地利用现状分类,方便需要的同志查阅,同时介绍了农业用地中土地需求量预测、土地利用结构调整及土地利用分区的方法,由李贻学编写;第五章讲述的是我国的土地退化问题及其防治的对策,即土地整理的问题，由白清俊编写；第六章主要是基本农田保护和土地污染的防治，也有生态和环保的知识，由徐玉新编写；第七章讲的是管理的问题，牵涉到地籍、地价、土地税收、土地监察等各个方面，有关土地法律法规的内容比较多，由高明秀编写。

  本书是住房和城乡建设部的重点出版书籍，有关领导一直在关心着这套丛书的出版。丛书主编徐学东教授多次对本书的体系、内容、编排等细致入微地全面安排。全体编委通力合作，终于使得本书得以面世。然而由于集体编书，在对问题的理解、深度的把握、文风等各方面还是难以达到一致，各方面的错误也还存在，敬请各位读者不吝赐教，给予指正。

东野光亮
2010 年 3 月

目 录

第一章 概述 ································· 1
  第一节 我国土地资源的状况 ················· 1
    一、土地资源 ··························· 1
    二、我国土地资源利用现状及其特点 ··········· 1
  第二节 土地资源利用存在的问题及对策 ········· 5
    一、土地资源利用存在的问题 ··············· 5
    二、开发利用土地资源的对策 ··············· 9
  第三节 土地资源可持续利用 ················· 12
    一、什么是可持续 ························ 12
    二、为什么要搞土地可持续利用 ············· 13
    三、土地资源可持续利用的措施 ············· 14

第二章 农村土地资源规划 ····················· 17
  第一节 土地利用规划 ······················· 17
    一、什么是土地利用规划 ··················· 17
    二、为什么进行土地利用规划 ··············· 18
    三、怎样进行农村土地资源规划 ············· 20
  第二节 耕地规划 ··························· 22
    一、耕地组织形式 ························ 22
    二、耕作田块配置 ························ 23
    三、田间灌排渠系配置 ····················· 27
    四、田间道路配置 ························ 31
    五、农田防护林配置 ······················· 32
    六、田间设施综合配置 ····················· 34
  第三节 园地规划 ··························· 36

  一、果园配置 ·· 36
  二、茶园配置 ·· 41
 第四节 林地规划 ·· 42
  一、林地功能 ·· 42
  二、各类林地的规划 ······································ 42
  三、苗圃用地规划 ·· 44
 第五节 牧草地规划 ·· 45
  一、放牧地规划 ··· 45
  二、割草地的规划 ·· 48
 第六节 水产用地规划 ··· 49
  一、水产用地分类 ·· 49
  二、人工养殖场规划 ······································ 49
 第七节 农村建设用地规划 ··································· 51
  一、农村规划建设用地标准 ····························· 52
  二、农村居住建筑用地规划 ····························· 53
  三、公共建筑用地规划 ··································· 54
  四、生产建筑和仓储用地规划 ·························· 56
  五、道路、对外交通用地规划 ·························· 57

第三章 农村土地资源开发 ·· 58
 第一节 土地资源开发 ··· 58
  一、土地资源开发的含义 ································ 58
  二、土地资源开发的类型 ································ 58
 第二节 宜农荒地资源开发 ··································· 60
  一、宜农荒地的特点 ······································ 60
  二、宜农荒地的开发原则 ································ 61
  三、宜农荒地的开发途径 ································ 64
 第三节 沿海滩涂资源开发 ··································· 70
  一、滩涂开发的价值 ······································ 70
  二、沿海滩涂的开发原则 ································ 72

三、滩涂开发模式 …………………………………… 75
　　四、滩涂开发机制 …………………………………… 78
　第四节　闲散土地的开发利用 ………………………… 81
　　一、闲散土地的类型 ………………………………… 81
　　二、闲散土地的利用形式 …………………………… 81
　第五节　村庄建设用地整理 …………………………… 90
　　一、村庄建设用地存在的问题 ……………………… 91
　　二、村庄建设用地整理模式 ………………………… 92
　　三、村庄建设用地整理对策 ………………………… 93
　　四、"空心村"闲置土地的开发利用 ………………… 95

第四章　农村土地资源利用 ………………………………… 98
　第一节　土地利用类型 ………………………………… 98
　第二节　土地利用预测 ………………………………… 116
　　一、土地利用预测含义 ……………………………… 116
　　二、如何进行土地利用预测 ………………………… 116
　　三、我国各类用地预测 ……………………………… 117
　第三节　土地利用结构调整 …………………………… 120
　　一、如何进行土地利用结构调整 …………………… 120
　　二、土地利用结构调整主要内容 …………………… 122
　第四节　土地利用分区 ………………………………… 124
　　一、土地利用分区的含义 …………………………… 124
　　二、如何进行土地利用分区 ………………………… 126
　　三、我国土地利用分区 ……………………………… 130

第五章　农村土地资源整治 ………………………………… 136
　第一节　土壤侵蚀与水土流失整治 …………………… 136
　　一、什么是土壤侵蚀和水土流失 …………………… 136
　　二、土壤侵蚀和水土流失的现状及危害 …………… 137
　　三、土壤侵蚀和水土流失的治理措施 ……………… 142
　第二节　土地沙化整治 ………………………………… 151

一、土地沙化的基本概念及其形成原因……………… 151
　　　二、土地沙化的危害……………………………………… 152
　　　三、土地沙化的治理措施………………………………… 155
　第三节　土地盐碱化整治…………………………………… 158
　　　一、什么是土地盐碱化…………………………………… 158
　　　二、土地盐碱化的形成…………………………………… 159
　　　三、土地盐碱化的治理措施……………………………… 161
　第四节　土地潜育化整治…………………………………… 164
　　　一、什么是土地的潜育化与次生潜育化………………… 164
　　　二、潜育化土壤的形成原因……………………………… 165
　　　三、土地潜育化（水稻土）的治理对策………………… 166
　第五节　土地污染整治……………………………………… 171
　　　一、什么是土地污染……………………………………… 171
　　　二、土地污染的现状及其危害…………………………… 171
　　　三、土地污染防治的对策………………………………… 173

第六章　农村土地资源保护………………………………… 178
　第一节　土地保护…………………………………………… 178
　　　一、什么是土地保护……………………………………… 178
　　　二、为什么要进行土地保护……………………………… 178
　　　三、土地保护措施………………………………………… 179
　　　四、土地保护相关法规…………………………………… 180
　第二节　基本农田保护……………………………………… 181
　　　一、基本农田保护概述…………………………………… 181
　　　二、如何划定基本农田保护区…………………………… 182
　　　三、基本农田保护区的主要保护措施…………………… 184
　　　四、基本农田保护区的监督管理………………………… 185
　　　五、基本农田保护区的法律责任………………………… 186
　第三节　土地生态环境保护………………………………… 186
　　　一、我国生态环境的现状………………………………… 187

二、生态环境保护的具体措施与工作重心 …………… 193
　　三、发展生态农业工程，加强生态环境保护 …………… 201
第七章　农村土地资源管理 ………………………………… 206
　第一节　土地资源管理 ……………………………………… 206
　第二节　土地管理制度 ……………………………………… 207
　　一、什么是土地制度 …………………………………… 207
　　二、土地归谁所有 ……………………………………… 207
　　三、土地如何使用 ……………………………………… 208
　　四、土地管理的内容任务和手段 ……………………… 209
　　五、土地权属管理制度 ………………………………… 211
　　六、土地利用管理制度 ………………………………… 215
　第三节　地籍管理 …………………………………………… 218
　　一、地籍管理概述 ……………………………………… 218
　　二、土地调查 …………………………………………… 219
　　三、土地分等定级 ……………………………………… 220
　　四、土地登记管理 ……………………………………… 221
　第四节　土地经济管理 ……………………………………… 222
　　一、地租管理 …………………………………………… 223
　　二、地价管理 …………………………………………… 224
　　三、土地税收管理 ……………………………………… 228
　　四、土地金融管理 ……………………………………… 232
　第五节　土地监察与督察 …………………………………… 233
　　一、什么是土地法制管理 ……………………………… 233
　　二、土地监察管理 ……………………………………… 233
　　三、土地国家督察制度 ………………………………… 234
问题索引 ……………………………………………………… 239
参考文献 ……………………………………………………… 242

第一章 概 述

第一节 我国土地资源的状况

一、土地资源

土地是指地球表层的陆地（包括内陆水域和沿海滩涂），它是由地质、地貌、土壤、植被、气候和水文等地理要素组成的，并受到人类活动长期影响而不断变化的自然经济综合体。

土地资源，就是指在一定的时间、地点和条件下，能够实现其经济价值，成为财富来源的土地。也就是说，在一定的经济技术条件下，能够为人类的生产和生活所利用，并能产生效益的土地，即对人类目前或可预见的将来有用的土地就叫做土地资源。

土地是最宝贵的自然资源，是最重要的社会财富，是最基本的生产要素，是社会主义新农村建设的基础。人口多、耕地少、底子薄、耕地后备资源不足是我国的基本国情，"十分珍惜、合理利用土地和切实保护耕地"是我国的基本国策。

二、我国土地资源利用现状及其特点

1. **土地资源总量大，但人均占有土地少，人均占有耕地更少**

我国有960万平方公里的国土面积，约占全球陆地总面积的1/5，居世界第三。我国土地总面积可谓不小，但我国又是世界人口第一大国，2007年拥有人口13.21亿，平均人口密度达到每平方公里近138人，是世界平均人口密度的三倍。我国东南部部分省平均人口密度甚至达到每平方公里600人上下。更为严重的是，我国的耕地数量只有18.26亿亩（2007年底统计数），仅占全部土地面积的12.68%，人均只有1.38亩多，约为世界人

均耕地（3.75亩）水平的三分之一。而人均土地资源才是直接关系一国人均国民收入、土地产品产量的重要指标。

2. 土地类型多，但山地多于平地

我国地域辽阔，南北跨热带、亚热带、温带、寒温带，东西跨滨海湿润区、半湿润区、内陆半干旱区、内陆干旱区。我国山地、高原、丘陵、平原和盆地等各种地貌类型齐全。地貌、地形、气候等自然条件十分复杂，土地资源丰富多样，为发展我国的多种经济提供极为有利的自然资源。

从海拔500米以下的东部广大平原、丘陵，到西部海拔1 000米以上的山地、高原和盆地，山多于平原。据统计，我国山地约占全国面积的33%，丘陵占10%，高原占26%，盆地占19%，平原仅占12%。按广义标准计算，我国山区面积约占全部土地面积的三分之二，平原面积仅占三分之一；全国约有三分之一左右的农业人口和耕地在山区。这种情况造成了我国农林牧业生产条件相对较差的结果。

3. 土地资源的地区分布不平衡，耕地资源总体水平差

按照400毫米等降水量线，我国土地一般可划分为东南部和西北部面积大致相等的两大部分。这条等降水量线习惯上称为"爱辉—腾冲"线，即由黑龙江省爱辉起，经大兴安岭、张家口、榆林、兰州、昌都到云南省腾冲止（见图1-1）。

"爱辉—腾冲"线东南部为湿润区（占全国土地总面积的32.2%）、半湿润区（占全国土地总面积的17.8%）；西北部为半干旱区（占全国土地总面积的19.2%）和干旱区（占全国土地总面积的30.8%）。全国90%以上的耕地和内陆水域分布在东南部地区；一半以上的林地分布并集中于东北部和西南部地区；86%以上的草地分布在西北部干旱地区。人口、工业也都集中于东南部地区。现有耕地中，有灌溉设施的不到40%，还有近亿亩耕地坡度在25°以上，需要逐步退耕。干旱、半干旱地区40%的耕地不同程度地出现退化，全国30%左右的耕地不同程度地受到水土流失的危害。由于土地资源分布的不平衡和耕地资源的

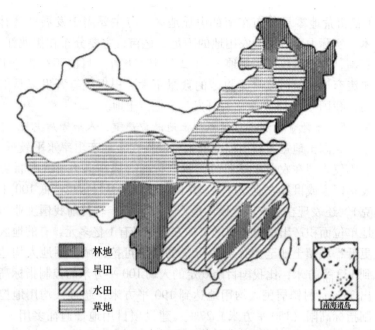

图 1-1　全国土地资源分布图

质量不高,决定了我国不同地区土地的人口承载力相差很大和土地利用上的显著差异。

4. 难以利用的土地资源面积大,后备土地资源潜力不足,特别是耕地后备资源不足

目前我国土地资源已利用的达到 100 亿亩左右,占土地面积的三分之二,还有三分之一土地是难以利用的沙漠、戈壁、冰川,以及永久积雪、石山、裸地等。

我国农业开发历史悠久,土地开发程度较高,可利用的土地大多已耕种,可利用尚未利用的土地数量十分有限,而且大多质量差,开发难度大。据有关方面统计,我国目前还有土地后备资源 18.8 亿亩,但其中可供开垦种植农作物和牧草的宜农荒地仅约 5 亿亩,在 5 亿亩宜农荒地中宜耕荒地资源只有 2.04 亿亩。在这全部 5 亿亩宜农荒地中,现为天然草场的约占 40%,即 2 亿亩。这些荒地即使开垦,一般也应用于种植饲草、饲料。另有

1亿亩荒地零星分布在南部山丘地区，应主要用于发展经济林木。实际上可开垦为农用地的不足2亿亩，主要分布在黑龙江、新疆，开垦后仅可得耕地1~1.2亿亩。此外，目前还有部分工矿废弃地，但可复垦为耕地的数量不大。根据现有开发复垦能力，我国今后15年最多可开发0.8亿亩土地。

5. 土地资源利用程度低，土地浪费严重，人地矛盾尖锐

我国土地资源利用程度低主要表现在土地产出率水平较低。这不仅表现在农业土地单位面积产量尚有提高潜力上（与世界发达国家或世界农业发达国家相比，我国粮食每亩单产低100千克），还表现在非农业建设用地产出率很低上。目前我国工业用地单位面积产出率很多地区每平方公里只有1亿多元，有的地区更低；城镇土地至少有40%以上的潜力可挖，城市用地人均达到133平方米，比我国目前规定的人均100平方米的控制指标高出33%；村镇居民人均用地达到190平方米，超过人均用地控制指标高限（150平方米）27%；建设项目用地普遍征多用少，闲置浪费严重。

近些年，我国人口每年以1 000多万的速度递增，而耕地以数百万亩的速度递减，人地矛盾越来越尖锐。据有关方面测算，我国现在年粮食需求为5 200亿千克，而近年来粮食年产量一直徘徊在4 500~5 000亿千克水平，缺口在200~700亿千克间。2008年1~6月，全国进口粮食1 957.0万吨，比2007年同期增长6.2%，价值108.7亿美元，同比增长102.6%。按目前我国平均亩产量计算，生产416.5万吨粮食需要1 000万亩耕地。

同时，由于人民生活水平提高，人们对畜产品、乳制品的需求也迅速增加。据统计，我国仅猪的存栏数从1980年的3.05亿头，增加到2007年的5.27亿头，而每头猪起码要吃2千克粮食才能长0.5千克肉。饲养业对粮食的需求使粮食生产需要承受更大的压力。

近年来，我国工业用粮年需新增大约1 200万吨，而工业所

用农产品原料绝大部分来自于耕地。

十届全国人大四次会议审议通过发布了《中国国民经济和社会发展"十一五"规划纲要》，其中对"建设社会主义新农村"提出了具体要求：继续调整农业结构，积极发展畜牧业，大力发展农村二、三产业特别是农产品加工业。要实现这一目标，确保足够多的耕地面积是基础。即使从长远目标来看，我们也需要科学合理地利用土地资源，确保我国人民生活和生产对土地特别是耕地的需求。因此，党中央、国务院提出了以世界上最严格的措施管理土地的方针，并把"十分珍惜、合理利用土地和切实保护耕地"立为我国的基本国策，明确写进了《中华人民共和国土地管理法》。

第二节 土地资源利用存在的问题及对策

一、土地资源利用存在的问题

1. 土地资源退化

主要表现在大面积的土壤侵蚀、土地沙化和盐碱化不断发展，还有分布在工业比较集中的城镇附近的大片土地遭到污染。首先表现在水土流失日益严重。据粗略估计，建国之初全国水土流失面积约为116万平方公里，目前我国水土流失面积达356.92万平方公里，亟待治理的面积近200万平方公里，全国现有水土流失严重县646个，其中82.04%处于长江流域和黄河流域。比较肥沃的表土及其所含大量氮、磷、钾等营养元素均随之流失。黄土高原水土流失面积43万平方公里，占其总面积的70%，每年土壤侵蚀量高达16.3亿吨，其中侵蚀最严重的沟壑区侵蚀模数可达每年每平方公里5 000吨。近十多年来开展小流域综合治理，情况有所缓和。长江流域水土流失面积在20世纪50年代为36万平方公里，到2007年扩展达53万平方公里，占全流域总面积的29.36%，创年侵蚀量达30亿吨的惊人纪录。日趋严重的原因，一是开垦陡坡，二是超量伐木，三是过度放牧，四是大型基本建设缺乏水保措施。现已引起注意，加强了防护林和水土保持林的营建。

其次是沙漠化面积不断扩大。中国是沙漠化危害严重的国家。全国沙漠化土地面积约38万平方公里，其中在人类史前早已存在的沙漠化土地约占12万平方公里，50多年来形成的现代沙漠化土地有5万平方公里，还有潜在沙化危险的土地约16万平方公里。若和沙漠、戈壁合计，则有153.3万平方公里，占到全国土地面积的15.9%。至今，沙漠化危害在继续发展之中，20世纪50~70年代沙漠化土地每年平均扩大1 560平方公里，到了现在增加到每年3 600平方公里。在西北、华北和东北11个省区有5 900万亩耕地和7 395万亩草场经常处在沙漠化威胁之下。沙漠化之形成，自然因素（气候干旱，植被稀少，地表组成物质松散等）只是提供了可能，而人为的强度活动和不合理利用方式（过度开垦、过度放牧、过度樵采等），则是主要促成因素。"风吹草低见牛羊"的草原风光已是今天的神话。2002年早春的沙尘暴，内蒙古自治区一些旗的牧民每天早上起来先要清除压在羊身上七八斤沙土。近年来着力营造"三北"防护林，开始调整半农半牧地带的产业结构和改进土地利用方式，以求遏制沙漠化的恶性蔓延。

盐碱化也是影响土质的重要问题。全国盐渍化土地约有14.87亿亩（包括现有盐渍土壤5.54亿亩和潜在盐渍化土壤2.6亿亩）。全国耕地中受盐渍化制约的有1亿多亩，占5%强。

随着城市规模的扩大、工业的发展、乡镇企业的兴起以及大量施用农药等原因，土地污染问题日益严重。据第二届土壤污染和修复国际会议统计，我国受农药、重金属等污染的土地面积近10 000万hm^2，其中矿区污染土地达200万hm^2，石油污染土地约500万hm^2，固体废弃物堆放污染土地约5万hm^2。土地污染已经对我国生态环境质量、食物安全和社会经济可持续发展构成严重威胁。若不及早采取措施，土地污染问题将造成严重后果。

2. 耕地严重流失

作为一个农业大国，中国自古以来有"惜土如金"的传统。但改革开放以来，由于开发建设需要和受市场经济驱动影响，各行各业都伸手要地，在这股洪流冲击下，全国各地区的大量耕地纷纷被转做他用。耕地锐减直接削弱了粮食生产能力。据调查，1980~1985年间平均每年减少738万亩；1986~1990年间平均每年流失耕地353万亩；1990年以后，由于土地审批权层层下放，多头批地，造成管理失控，以致1991~1995年间每年流失量上升到500万亩，主要发生在东南沿海各省市。统计显示，仅1996~2007年间，我国耕地净减少1.25亿亩，大多是城郊平坦优质的耕地。可见，我国耕地流失问题十分严重。

耕地减少的原因还在于农业内部，是由于产业结构调整和灾害损毁。改革开放以来转入到以经济建设为中心的新时期，改变了过去"以粮为纲"的单一经营思想，而根据市场要求调整农业的结构，种植业、畜牧业、林业、渔业、副业全面发展，促使了土地利用分配的调整，普遍压缩种粮用地。这方面，虽然取得了一些经济效益，但由于忽视社会和生态效益，又缺乏宏观控制和管理，也出现了一些新问题，如在耕地上挖鱼塘、种果树，过多地挤掉了粮田面积。

另一类是非农业建设占地造成耕地的永久性流失。当然，建设需要用地，但很多开发建设带有很大的盲目性。例如城市无限制外扩，盲目圈地建设开发区，农村宅基地严重超标，修建豪华墓地，乱取土烧砖瓦，以及露天采矿等。

1978年时全国仅有城市161座，集镇不及2900个，而截至2007年末，全国设市的城市发展到655座，建制镇猛增至19 249个。城镇急剧扩张，包围郊区农村，占用了大片良田、菜园。

20世纪90年代初期全国各地掀起了兴建开发区之风，纷纷跑马圈地，筑巢引凤。不少地方以地为代价来招商引资，集聚"地财"，不顾国家大局，乱上项目、滥占耕地，甚至肆意炒卖地皮，从中牟利。2005年全国省、市、县、乡各类开发区达到了1 500多处，共占地5 400多万亩，而且80%是耕地。其中绝大多数开发区圈地规模过大，而实际开发滞后，于是出现圈而不用，造成大片耕地抛荒现象。据2005年初调查，全国征而未用闲置撂荒的土地500多万亩，有的耕地已被严重破坏，难以恢复，致使众多农民生产生活都无着落。此外，乡镇企业圈大院和沿公路乱建"路边店"，也占用了大量耕地。

农村居民点建设分散，用地普遍超标。修坟占用耕地的现象也值得注意。尤其值得注意的是，近年来我国耕地减少中，城镇周围和交通沿线的优质耕地被占多，南方地区水田被占多，这些耕地的损失，很难靠开垦荒地来补偿。总之，国家面临保护耕地的形势十分严峻。

3. 人口和耕地供需矛盾突出

随着经济建设的发展，非农业用地增加，耕地逐年减少，与此同时人口则逐年增加，于是人口和耕地供需之间的矛盾加剧。

中国从实行计划生育以来，严格控制人口增长，收效显著，年增长率有所下降，但由于人口基数大，每年仍增加1 200～1 500万人。自颁布《中华人民共和国土地管理法》以来，耕地减少略有缓和，但每年断续减少几百万亩的趋势仍难以逆转。展望远景，人口与耕地平衡问题将更趋严重。

目前全国已有1/3的省区人均耕地不足1亩，东南部的上海、浙江、福建、广东、湖南等省市人均耕地不及0.6亩。按联合国粮农组织的规定，要满足一个人的生存，至少要有0.8亩耕地来生产粮食。低于此数即不能安全保证粮食供应。而中国已有666个县的人均耕地低于0.8亩警戒线，主要分布在人口稠密的东南部各省。东南部粮食不足要依靠华北和东北的支援，过去南粮北调的形势，现已倒转为北粮南调。

土地的人口承载力是人地关系中一个重要问题，这个概念咱们可以简单地理解为以：一块土地上到底能养活多少人。它一方面直接和土地资源所能供应的食物总量有关，另一方面又与人口的消费水平和生活质量相联系，也就是说，同一块土地产量越高，养活的人越多；同一块土地上人的生活水平越高（消耗得越多），养活的人越少。全国土地的最大人口承载量在15～16亿人。

二、开发利用土地资源的对策

按照胡锦涛总书记在十七大报告中的要求，推进国土资源管理工作的科学发展，是当前国土资源管理工作的当务之急。温家宝总理在政府工作报告中强调，坚持最严格的耕地保护制度，特别是加强基本农田保护。温家宝强调，粮食安全，关系经济社会发展全局，关系人民群众切身利益，丝毫不能放松粮食生产。要切实稳定粮食生产面积，提高单产水平。加大对粮食主产区和种粮农民的扶持力度。加强农业基础设施建设，加快完成大中型和重点小型病险水库除险加固任务。搞好小型农田水利建设，大力发展节水灌溉。加大土地开发整理复垦力度，搞好中低产田改造，提高耕地质量，建设一批高标准农田。2008年4月17日，国土资源部部长、国家土地总督察徐绍史在中共中央党校学员作专题报告时强调：国土资源管理工作当前矛盾突出，今后压力很大。要进一步解放思想，改革创新，加快构建保障科学发展新机制。要落实共同责任，坚守18亿亩耕地红线；开源节流，切实提高土地、矿产资源对经济社会全面协调可持续发展的保障能力。

开发利用土地资源的对策主要包括以下几个方面：

1. 切实保护现有耕地

针对耕地不断缩减、人地矛盾日趋尖锐的情况，必须大力宣传真贯彻"十分珍惜和合理利用土地，切实保护耕地"的基本国策，应用法律和经济手段，全面推进耕地的保护、开发和整治。为了加强土地法制建设，深化土地管理体制改革，加大对耕地保护执法力度，坚决制止乱占耕地行为，全国人大常委会先后审议颁发了《中华人民共和国土地管理法》和《基本农田保护条例》，完善了其农田保护制度，全国划定了基本农田保护区，建立了耕地保护的制约和奖惩机制。2008年10月党的十七届三中全会审议通过的《中共中央关于推进农村改革发展若干重大问题的决定》中特别提出,"坚持最严格的耕地保护制度,层层落实责任,坚决守住18亿亩耕地红线"。并提出了划定永久基本农田,建立保护补偿机制,确保基本农田总量不减少、用途不改变、质量有提高等具体要求。这一明确规定告诉我们,必须以对历史、对子孙后代高度负责的态度,始终绷紧耕地保护这根弦,牢牢守住18亿亩耕地红线。

2. 实现耕地总量动态平衡

保证耕地尽可能少减,并设法增加,是一项艰巨的任务,但这是实行社会经济持续发展的要求。

解决耕地不足的办法不外乎外延性开发,即开荒扩大耕地,和内涵式挖掘潜力。如上所述,中国的耕地后备资源不多,也就不可能主要依靠扩耕来增产粮食,而主要应在切实保护既有耕地的基础上,致力于充分挖掘土地潜力,即将利用土地资源的方式由粗放型转化为集约型。据原国家土地管理局《全国土地利用总体规划研究》典型调查资料,开垦1亩荒地的投资,最少的是东北沼泽地为158元,最高的是东南沿海滩涂需360元;而改造治理中低产田,每亩最少的如黄土高原仅需14元,最高的如西北干旱区需235元。可见,在现实条件下改造治理中低产田挖掘潜力比开垦荒地扩大耕种面积的代价要低得多,因而也是更为可行的办法。目前,平均亩产不及400千克的中低产田约占全部耕地的83.2%,可见潜力极大。其中中产田大都为有轻度洪涝或轻度盐碱的平地,或轻度水土流失的缓坡地,一经采取改良措施,消除其限制因素,较易达到增产效果。在投入资金容许的情况下,还应改造较为费工的低产田,特别是贫困地区的低产田,有利于扶贫工作的实施。

提高耕地的复种指数是挖潜的另一重要措施。最大可行性是在水分条件较好的暖温带(如黄淮海平原南部)和亚热带(如南方浅丘)地区。目前全国平均复种指数为155%,如能提高1

个百分点，即无异于扩大播种面积2 000万亩，如能将全国平均复种指数提高到160%，则将可增加播种面积1亿亩，相当于开发所有条件较好的宜耕荒地，可见其效果之大。

挖掘土地利用潜力，还有其他一些途径。例如分散的农村居民点用地目前占到农村居民占总用地量的87%以上，而且近年农民扩展宅基地成为普遍现象，如加强整理，适当集中建设新农村，实施退宅还田，大有潜力。又如现有2 000多万个乡镇企业80%散布在小型自然村，既扩大了污染源，又不利于基础设施的统一建设，如加以适当集中布局并与小城镇的建设以及新农村建设结合起来，则可促进农村城镇化和工业化，便于管理和企业之间的协作，还可节约大量用地。再如复垦各类废弃地，整治被破坏的土地，或将零碎不规整的土地加以平整改造，提高其利用率，盘活存量土地也有潜力可挖。

3. 因地制宜合理利用土地

（1）制定土地利用规划，加强宏观控制和管理。通过规划可以因地制宜，扬长避短，发挥各地区土地资源的潜力；根据国家现代化建设和发展生产以及保障生活的要求，协调好各用地部门的关系，既保持必要面积的耕地，又保障必要的建设用地；注意经济效益与社会效益、生态效益相结合。

（2）合理利用和加强保护耕地必须同步进行，彻底改变重用轻养的局面，提高土地资源的生产能力。

（3）坚持节约用地与集约经营。发展节地型农业（包括节水、节能、节时）有多种形式，例如开发林粮间作、果林间作、农牧结合、林牧结合、农渔结合等多层次立体利用土地空间，发挥土地生态系统的综合效益。

（4）依靠科技进步，增加土地投入，改善生产条件，发展高效、优质、持续农业。

第三节 土地资源可持续利用

一、什么是可持续

1987年世界环境与发展委员会在《我们共同的未来》报告中第一次阐述了可持续发展的概念，得到了国际社会的广泛共识。可持续发展是指既满足现代人的需求又不损害后代人满足需求的能力。这个概念也可以简单地理解为：我们为了生活水平的提高大力发展经济的同时，不能把我们子孙发展所需要的资源都消耗掉。换句话说，就是指经济、社会、资源和环境保护协调发展，它们是一个密不可分的系统，既要达到发展经济的目的，又要保护好人类赖以生存的大气、淡水、海洋、土地和森林等自然资源和环境，使子孙后代能够永续发展和安居乐业。可持续发展与环境保护既有联系，又不等同。环境保护是可持续发展的重要方面。可持续发展的核心是发展，但要求在严格控制人口、提高人口素质和保护环境、资源永续利用的前提下进行经济和社会的发展。例如，诺维信集团是总部在丹麦的著名酶制剂生产商，在天津开发区建立了全球生产基地。该公司与泰达园林合作，对工业废水处理后供园林公司绿化使用；将废渣加工成肥料用于绿化，并免费供应当地农民和开发区公共绿地使用，与当地社区共同发展。泰达生态园林公司作为开发区的"绿色生产链条"，把工业废弃物汇集，然后一条生机盎然的"生态链"从这里输出和建立，成为开发区循环经济系统中一个重要的"环"，即通过以植物为基础的自然生态系统来吸纳工业中的废弃物，实现工业系统中物质循环和自然生态系统物质、能量循环的有效结合。这就是很典型的可持续发展的例子。

土地可持续利用的思想，是1990年在新德里由印度农业研究会、美国农业部和美国Rodale研究所共同组织的首次国际土地持续利用系统研讨会上正式提出的。但由于认识的差异，迄今为止没有一个统一的定义。不同发展水平的国家面临的土地问题不同，发达国家侧重生活质量的提高，因此强调资源利用的环保效益；而发展中国家则在提高经济效益的前提下，保证生态平衡，这也符合可持续土地发展的公平性准则。从总体来看，"土地可持续利用"应该涵盖下述几个方面的重要内容：

1. 从生态学意义上来说，是保持特定地区的所有土地均处于可用状态，并长期保持其生产力和生态稳定性。

2. 从社会经济学意义上来说，土地可持续利用是保持特定地块特定用途。农民可能从他们自己的观点出发，并有他们自己的理解和定义，他们的观点和行动在确定现有土地利用方式是否具有持续性问题上起着重要作用。

3. 从时间上看，土地可持续利用不仅着眼于眼前，更着眼于永久的未来；从空间上看，不是着眼于一部分人，而是着眼于全体人类。

4. 从系统论看，土地可持续利用是在人口、资源、环境和经济协调发展战略下进行的，这就意味着土地可持续利用是在保护生态环境的同时，要促进经济增长和社会繁荣。

5. 从与传统土地利用方式的比较看，土地可持续利用更加强调土地利用的可持续性、土地利用的协调性和土地利用的公平性。

二、为什么要搞土地可持续利用

土地资源是农业生产资料和劳动对象。土地的可持续利用是农业可持续发展的基础，没有土地的可持续利用，就不可能有农业的可持续发展，新农村建设事业也就失去了基础，这对于人口众多，耕地相对短缺，又处在高速工业化的我国来说，问题就更加突出。

土地资源总量大，人均占有量少，人地矛盾突出。

中国水土资源分布不平衡，组合错位，加剧了资源的紧缺性。北方地多水少，南方地少水多；东半部人口密集，经济发达，主要表现为人地矛盾；西半部干旱缺水，水土矛盾尖锐；华北地区处于人地与水土两对矛盾的叠加之处，成为中国人口与资源矛盾的焦点。

可以预计，到21世纪中叶，随着中国人口增长，水土资源供求将处于危急状态。如何保证人口、经济、土地、水资源的可持续发展将是中国经济社会发展过程中的一个难题，也是个严重的挑战。

中国到底能不能依靠本身的资源养活本国人口呢？这是一个非常严肃的问题，必须给予科学的回答。

首先中国是个大国，地区间发展不平衡，有着广阔回旋余地。再者中国土地潜力还大。此外中国还有600多万平方公里的山区和470万平方公里的自然海域，利用率与生产率都不高，中国的山区与海洋将成为未来重要的食物来源。为此，我们只要经过努力，完全能够依靠本身的资源解决或基本解决粮食与农产品的供给问题。

三、土地资源可持续利用的措施

建立资源节约型的集约化农业生产体系，节约、高效、持续地利用土地资源。协调人地关系，优化人地组合，一方面要控制人口数量，提高人口质量，大力开发人力资源，发展劳动密集型产业与技术密集型产业；另一方面要保护与利用结合，开源与节流并重，建立资源节约型生产体系与消费体系，节约、高效、持续地利用资源。

1. 要保护土地资源，要把保护耕地、淡水资源作为基本国策

农业问题，尤其是粮食问题首先是耕地资源不足问题。要遏制近年来耕地递减的势头，建立基本农田保护区，通过法制手段、经济手段和行政手段，坚决守住18亿亩耕地红线。保护的另一层含义即是土地的改造整理，因此要防止土地和耕地不合理地、过多地被非农占用而流失。同时，要花大力气改造中低产田，治理水旱灾害、水土流失、土地荒漠化、盐碱化和沼泽化，防止土地退化。

2. 要节约地利用土地资源

改变那种传统的广种薄收的资源掠夺式经营方式为资源节约式的集约化经营方式，建立以节地、节水为中心的资源节约型的集约化农业生产体系。同时，在现代化过程中，还要改变西方传统的消费模式，走一条具有中国特色的消费模式，建立一个与生产相适应的适度消费、勤俭节约为特征的生活服务体系。即生产领域、流通领域和消费领域等各方面都要节约资源。

3. 要高效地利用土地资源，提高土地产出率

即以最小的资源投入取得最高的产出。要从宏观与微观两方面着手来实现土地资源的高效利用。在宏观方面要根据各地区的土地与农业生产条件，因地制宜地优化农业配置，实现农业的区域化、专门化和产业化生产，最大限度地发挥区域的优势；在微观方面要调节农业资源系统内部的土—水—肥—气与植物生长的关系，使之处于最佳状态，以最大限度发挥农业资源系统的内在潜力，减少外部投入，获得少投入高产出的效果，实现高产、优质、低耗、高效的目标。我们要提倡资源效益，把资源效益放在经济效益、社会效益同等的地位，彻底扭转以牺牲资源、牺牲环境，来换取经济发展的高消耗、粗放型发展经济的模式，转变为资源的节约、高效、持续利用的集约化经济发展模式。

4. 积极开源

开源与节流是辩证关系，开源是节流的基础，节流是开源的继续。中国水土资源的开发要立足平原，开发山区与海洋。山区开发的重点是南方亚热带、热带山地，可建设以林果为主的大农业后备战略基地。沿海滩涂与浅海资源要实现农牧化。

5. 利用两种资源，发展两个市场

中国最大的优势不是自然资源，更不是土地与水资源，而是人力资源。发挥劳动力资源的优势在于大力发展劳动密集型的产业，与此同时提高劳动力素质，逐步过渡到劳动—技术密集型为主，这也适用于农业生产与土地利用。

在中国人口多，资源相对短缺的国情条件下，农产品需要实

行国际资源转换战略。即生产出口一些劳动密集、技术密集的优质附加值高的产品，如蔬菜、水果、水产品、花卉以及以农产品为原料的加工产品等。进口那些资源密集的、比较效益低的、国内价格已高出国际市场的农产品，在粮食基本自给的条件下，实现农产品的国际大循环，与他国共同分享世界丰富的自然资源。要立足国内，基本自给，适度进口，调剂品种，调节丰歉，促进交换。

依靠科学技术进步，不断提高土地生产力。中国人口、经济增长与土地资源有限性之间的矛盾，最终要依靠科学技术的进步来解决。

土地资源是有限的资源，因此我们要珍惜土地、爱护土地、合理地利用土地。但是我们还应该认识到随着科学技术的进步，人们可以应用现代科学技术改善土地的生产条件，培育优良高产品种，提高光的利用率，土地的生产潜力和农作物产量的提高将又是无限的。另一方面人们应用现代科学技术不断地扩大资源的范围，新资源、新食物、新能源等将不断涌现。因此，进入21世纪，我们应该最大限度地发展科技与教育，有信心、有能力把土地生产力提高到更高的水平，在新农村建设中切实落实科学发展观，创造土地可持续发展的新局面。

第二章　农村土地资源规划

第一节　土地利用规划

土地利用规划是实现土地管理职能必不可少的手段，没有土地利用规划或者没有科学的土地利用规划，土地管理就不能良好地发挥作用，从而导致土地管理职能的缺失和整个管理工作的失败。最终严重影响经济的持续发展和人民生活水平及质量的不断提高，甚至影响国家基本国策的贯彻和落实。因此综合起来讲，土地利用规划是土地管理的中心内容，是土地管理职能得以实施的重要手段，也是实现土地管理目标的前提。

一、什么是土地利用规划

土地利用规划亦称土地规划，是指对一定区域未来土地利用超前性的计划和安排，是依据区域社会经济发展和土地自然特性在时间和空间上进行土地资源分配和合理组织土地利用的综合技术经济措施。它一方面组织合理的土地利用，做到地尽其用；另一方面调整土地关系，以期在较少的投入下获得最大的效益。

土地利用规划是目前国内公认最严格执行的规划之一，土地利用规划体系是由不同种类、不同类型、不同级别和不同时序的土地利用规划所组成的相互交错且相互联系的系统。目前，我国的土地利用总体规划体系是五个层次：国家级、省级、市（地）级、县（区）级和乡（镇）级。该体系内容完整，是一套法定的相对独立的垂直规划体系，基本实现了五级规划的国土全覆盖，这在国外是很少见的。具体体系层级见表2-1。

土地利用规划体系层级　　　　　表 2-1

	含　义	层　次
土地利用总体规划	在一定区域内，根据社会经济可持续发展的要求和当地自然、经济、社会条件，对土地的开发、利用、治理、保护在时间和空间上所做的统筹安排和综合部署，是国家实行土地用途管制的基础	全国土地利用总体规划
		省（自治区、直辖市）级土地利用总体规划
		地区（省辖市）级土地利用总体规划
		县（市）级土地利用总体规划
		乡（镇）级土地利用总体规划
土地利用专项规划	在土地利用总体规划的框架下，针对土地开发、利用、整治、保护的某一专门问题或某一产业部门的土地利用问题而进行的规划	基本农田保护区规划
		村镇建设用地规划
		土地开发整理复垦规划等
土地利用详细规划	在总体规划的控制和指导下，详细规定各类用地的各项控制指标和规划管理要求，或直接对某一地段或某一用地单位的土地利用做出具体的安排和规划设计。它是土地利用总体规划或土地利用专项规划的深入和细化	城市土地利用规划
		乡村土地利用规划

二、为什么进行土地利用规划

在我国，土地利用规划既是政府对于土地资源配置的政策措施，也是广大民众合理利用土地资源的技术措施。

1. 控制

针对我国人多地少、土地质量退化、利用效率低等，尤其是近10余年来，耕地锐减，人口增长率居高不下，人地矛盾日益尖锐，国家必须通过土地利用规划，对土地利用实行有效的控制。土地利用规划在引导和控制城乡建设集约合理用地、保护耕地、规范土地开发整理等方面发挥了明显的作用。根据全国土地利用现状变更调查，1997～2003年的7年间，全国建设占用耕地1989万亩，占整个规划期控制指标的67%，基本控制在预期目标以内。这期间全国年均建设占用耕地284万亩，与1991～1996年的年均440万亩相比，下降了35%，充分显示了土地规划的控制作用。

2. 协调

通过土地利用规划，实现规划区域内人口、资源、环境的和谐统一；通过合理分配区域内国民经济各部门、各行业的用地量，解决土地需求的矛盾，保证协调发展；通过对土地利用进行科学的规划，合理利用土地资源，因地制宜安排各类生产建设用地，建立良好的生态环境，不断提高土地利用率和土地生产率。

3. 组织

组织土地利用是土地利用规划最基本的功能。土地利用规划将在国民经济各部门、各企业之间，以及在农业内部对土地资源的利用进行科学的分配，合理地组织土地利用，并且加以具体落实，在保护好生态环境的前提下，以最少的投入获取最大的经济、社会和环境效益。

4. 监督

以土地利用规划为依据，对各部门的土地开发、利用、整治、保护等情况进行监督和检查，以保证土地资源的合理利用。随着土地利用规划不断完善，公民的土地规划意识明显增强。修订后的《土地管理法》将土地利用总体规划列为专章，对规划编制、实施及相关法律责任都做了规定，对提高土地利用规划的地位和效力起到至关重要的作用。土地利用规划的执法环境明显改善。执行规划就是执法、违反规划就是违法的观念正在全社会逐步树立。此外，各级管理者、用地者、执法者按规划管地、用地、查处违法用地的意识不断增强。

正是由于土地利用规划的控制、协调、组织和监督作用，通过土地利用规划对有限的土地资源进行科学合理的安排，才能保证社会经济发展对土地的需求，并保护和改善生态环境。

三、怎样进行农村土地资源规划

在我国，当前不少地方在新农村建设中，由于忽视了统筹规划，出现了村村铺摊子、大拆大建的迹象，这样下去势必导致资源和资金的巨大浪费。因此，必须切实搞好农村土地资源规划，才能正确建设社会主义新农村。农村土地资源规划主要包括农村农业用地规划和农村建设用地规划。

1. 农业用地规划

农业用地又称农用地。指直接或间接为农业生产所利用的土地。包括耕地、园地、林地、牧草地、养捕水面、农田水利设施用地（如水库、闸坝、排灌沟渠等），以及田间道路和其他一切农业生产性建筑物占用的土地等。农地是人类生存与发展的保证。农地资源的稀缺性与国土面积的有限性，使农地资源的合理配置成为其他资源合理配置的基础。同时，随着经济发展进程中人口的增长与城市的扩张，有计划地占用部分农地将难以避免。这就使得加强农地利用规划，进行统筹安排是十分重要的。在新农村建设中，加强农业用地规划和管理，推进节约集约用地已迫在眉睫。在农业用地规划中应遵循以下原则：

（1）合理规划、统筹兼顾原则。保证现有的农业生产用地，确保粮食安全，满足人们对农产品日益增长的需求；保护生态环境，实现可持续发展；根据发展进程，有计划地调整出部分农地，满足经济需要，使有限的农地资源得到最佳配置。

（2）因地制宜原则。宜农则农，宜林则林，宜牧则牧，宜渔则渔，发挥资源与经济优势，促进生态系统保护与改善。

（3）生态农业原则。利用新技术和现代管理手段，采用适宜当地的生态农业模式，以期获得较高的效益，促进农业可持续发展，构建现代化农业。

2. 农村建设用地规划

农村建设用地是我国建设用地的重要组成部分，其规划与配

置直接影响农村经济乃至整个国民经济的发展,影响社会主义新农村建设。在具体规划时应遵循以下原则:

(1)有利于促进生产,发展经济。根据国民经济和社会发展,结合当地经济发展的现状和要求,以及自然环境、资源条件和历史情况,统筹兼顾,对农村建设进行综合布局与协调发展。

(2)远近结合,以整治为主。规划中处理好近期建设和远景发展、改造与新建的关系,使村庄性质和建设的规模、速度和标准同经济发展和农民生活水平相适应,统一规划,分步实施。

(3)节约用地,保护耕地。减少村庄数量,壮大村庄规模,改善村庄内部环境,引导村民尽量拆旧建新,或者在空闲地、闲置地上建房,各项建设应相对集中,避免村庄的急剧外延,新建、扩建工程及住宅应当尽量不占用耕地和园地,提高公共服务设施水平,鼓励合村并点。

(4)功能合理,有利生产,方便生活。合理安排各项农村建设用地,既满足实用要求,又互不干扰,功能明确,促进事业协调发展并适当留有发展余地。

(5)保护环境,防治污染。规划中应有净化环境的绿化用地和消除环境污染的设施用地。

(6)合理选址,避开灾害。避开易发生山洪、滑坡、地震、泥石流等自然灾害的地段,避开自然保护区和地下开采区。

(7)传承文脉的原则。规划布局要结合当地自然条件,合理继承原有的布局结构、空间形态,保护具有一定历史价值和文化价值的建筑物、古树名木、标志物,体现各地不同的民俗风情,突出地方特色。

(8)规划需要公众参与。规划的编制一定要深入农村调查研究符合实际。避免"规划规划,纸上画画,墙上挂挂",避免理想化。同时应尽量让农民参与规划,尊重农村的风俗习惯。

农村村庄建设规划,以乡(镇)为单位,由乡(镇)人民政府负责组织,统一进行编制。村庄建设规划须经村民会议讨论同意，由乡（镇）人民政府报县级人民政府批准，并由乡（镇）人民政府公布。

第二节 耕地规划

通常将种植农作物的土地称为耕地，它是人类重要的食物生产基地，耕地的生产利用潜力很大，是一种最珍贵的农用地，约占中国土地总面积的10.4%，占农用地面积的16.5%。耕地规划又称耕地内部规划，指在既定耕地面积的前提下，对合理组织耕地利用的措施进行的全面安排。

一、耕地组织形式

耕地组织形式指实施作物种植结构和作物轮作制度的耕地利用方式，作物种植结构是耕地在空间上的作物安排，作物轮作制度是耕地在时间上作物轮换，目前我国耕地组织形式主要有两种：

1. 轮作田区组织形式（固定轮作或分区轮作）

轮作田区就是作物轮换种植的基本单元。在轮作田区之间，按照一定的时间和空间顺序，轮换种植作物，是用地养地相结合的一种生物学措施。一个农业生产单位采用何种轮作类型，主要根据当地的自然条件和经营方向而定（表2-2）。

轮作类型选择　　　　　　　　　表2-2

自然条件	轮作类型
土壤肥力较高	作物－作物轮作
土壤肥力较瘠薄	作物－牧草（绿肥）轮作
水土条件较差或地多人少	作物－休闲轮作

按轮作制中主要栽培作物种类的不同，又可分为禾谷类轮作、禾豆轮作、粮食和经济作物轮作、水旱轮作、草田轮作。旱

地多采用以禾谷类作物为主或禾谷类作物、经济作物与豆类、绿肥作物轮换；稻田的水稻与旱作物轮换。

2. 耕地田块组织形式（单田轮作）

将全部耕地划分为若干耕作区，再把每一耕作区划分为若干耕作田块。各田块只从时间上考虑作物的轮作换茬顺序，而不考虑作物在空间上的互相联系。适合当前农户经营的特点，这种形式过去在我国长期存在并被普遍采用。

3. 轮作田区组织形式与耕地田块组织形式的比较（表2-3）

轮作田区组织形式与耕地田块组织形式的比较　　表2-3

组织形式	优　点	缺　点
轮作田区组织形式	有利于均衡利用土壤养分和防治病、虫、草害；能有效地改善土壤的理化性状，调节土壤肥力	对于作物种植按照市场经济的要求变动适应性和灵活性较差
耕地田块组织形式	比较灵活机动而且能随市场需求改变种植计划	易造成年际间作物种植比例和作物产量不稳定，作物配置较分散

二、耕作田块配置

耕作田块是进行田间作业、轮作和农田建设的基本单位。一般是由末级田间工程设施，如渠道、林带、道路等所围成的地块。田块的规划要有利于组织田间生产管理、农田灌排和提高机械化作业效率，具体确定时则应抓住有利于组织主要田间作业的主导因素。

1. 耕作田块的长度

田块长度的确定以提高机械作业效率为主，兼顾灌溉效率和合理组织田间生产过程。

只有耕作田块具有一定的长度才能提高拖拉机的工作效率。（表2-4）。

某拖拉机耕地工作效率与田块长度的关系　　表 2-4

田块长度（m）	50	100	200	400	600	800	1 000
行程利用率（%）	51	68	88	89	93	94	95
班工作量（hm^2）	3.67	4.33	4.87	5.20	5.40	5.47	5.53
所占比例（%）	67.00	97.70	88.50	95.30	97.70	99.00	100.00
亩耕油量（kg）	1.73	1.45	1.30	1.21	1.18	1.16	1.15
所占比例（%）	150.00	126.00	113.00	105.50	102.50	101.00	100.00

注：引自《土地利用规划学》。

从表 2-4 可以看出，机械作业效率与田块长度并不成绝对的正比关系。当田块达到一定长度，其行程利用率的提高会逐渐缓慢下来。因此田块的长度不能太短，但也不是越长越好。尤其是对于我国目前的情况，很多田间作业，还要人力、畜力去完成，所以田块长度的确定要兼顾人力、畜力作业的要求。一般田块长度的确定见表 2-5。

田块长度与农机化水平的关系（m）　　表 2-5

农机化水平	田块长度
农机化水平高	500~800
以中、小型农机具为主	500 左右
以劳、畜力为主	200~300

田块长度的确定还要满足灌溉的要求，在灌溉区，耕作田块就是灌水地段，因此末级固定渠道要求的适宜长度和控制面积在一定程度上就决定了田块长度。田块的长度一般在 500~800m 或更长一些。大多数情况下，平原地区的田块比丘陵地区的长；旱作地区的田块比水稻区长。

2. 耕作田块的宽度

田块的宽度以满足横向作业为主，在无横向作业时应尽可能成为耕地机组作业幅宽的倍数。因此田块宽度的确定要考虑三方面的因素，即田间机械作业的幅宽、末级固定渠道的间距和林带防风的距离。具体考虑因素见表 2-6。

田块宽度的确定　　　　　表 2-6

田　块	宽　度	适 宜 值
作业小区田块	作业小区宽度的整数倍	
灌溉区田块	末级固定渠道的间距	200m 左右
风害地区田块	护田林带的宽度	树高的 25~30 倍
需要排水地区	结合排水沟的有效间距确定	沟深 1.0~1.5m，采用 200m 左右

一般地，在平原地区田块宽度可在 200~400m 左右，水稻地区可窄些，旱地、水浇地可宽些。

3．耕作田块的面积

田块的面积可根据适宜的耕作田块长度和宽度来确定，大致为 150~200 亩。但若在一定的独立地段上，田块面积已定，也就限制了田块的长和宽。

各地田块面积差别很大。一般在平原旱作地区，为发挥机械效率，地块面积较大，而在丘陵水田地区，由于地形限制，田块不仅规模小，而且多是梯田。在水稻田内还要进一步划分格田，格田的规模一般在 5~6 亩，长度为 50~150m，宽度为 20~40m。

4．耕作田块的外形

为了适应田间机械作业的要求，必须使设计的田块至少具有一个直角和两长边平行，所以田块理想的形状是正方形或长方形，其次是平行四边形或梯形，不能把田块设计成形状不规整的三角形和多边形。

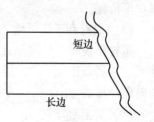

图 2-1　曲线边界田块的长短边布置

在地形较复杂或具有曲线边界的地段上设计田块时，应使田块短边配置在曲线边界上，以保证田块长边平行的要求（图 2-1）。

在不规则外形的地段上设计

田块时，力求外形规整。三角形、梯形地段的设计如图2-2所示。

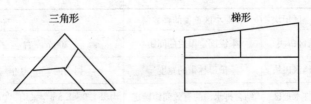

图2-2 不规则地段的田块设计

5. 耕作田块的方向

耕作田块的方向指田块的长边方向，往往是播种与耕作管理的方向，也是末级固定渠道、田间道路和农田防护主林带的方向。

(1) 要有利农作物的生长发育

在选择时应保证耕作田块长边方向光照时间最长，受光热量最大。通常，夏半年东西行种植作物为好，冬半年以南北行种植作物为好。但是对于耐阴作物或有特殊要求的作物要具体分析，恰当安排。

(2) 要有利于田间机械作业和水土保持

在丘陵、山区，田块的长边应沿等高线方向配置，即耕作方向与等高线走向相一致，田块方向为横坡。这样做，一是可以减少地面径流量对土壤的冲刷量；二是避免拖拉机爬坡工作导致增加功率消耗。

(3) 要有利于降低地下水位

布置田块时，长边垂直地下水流向为好，这是因为在盐碱地灌区，需要截排地下水，要使末级固定排水沟能垂直于地下水的流向设计田块方向。

(4) 要有利于防风

主林带与主害风方向垂直，防风效果最好，因此在风蚀区，一般主林带沿田块长边方向配置，在设有护田林带地块上，耕作田块的长边应与主害风方向垂直或与其交角大于60°。

（5）要有方便的交通运输条件

尽量使田块与居民点的距离最短，缩短往返的时间消耗。

6．耕作田块的质量组成

耕作田块的质量组成以促使作物生长发育一致，利于田间管理、组织生产和年度间产量平衡为好，因此应使同一田块内土壤肥力和土壤耕性一致，要求土壤、坡向和坡位一致。

总的来说，耕作田块具体规划时应因地制宜，在满足主要要求的前提下，综合考虑其他要求。

三、田间灌排渠系配置

田间灌排渠系指末级固定渠道以下及耕作田块内的临时渠道。末级固定渠道主要指农渠和农沟，农渠即灌溉渠道，农沟即排水沟道，临时渠道主要指毛渠、毛沟、灌水沟和畦等。毛渠指从干渠引水送到每块田地里去的小渠；毛沟是与毛渠相对应的排水沟；灌水沟指在作物行间开挖的、用以实施灌溉的垄沟；畦指畦田与畦田之间的小沟。地区和灌水方式不同，田间灌排渠道布置形式也不同，主要介绍地面明渠方式下田间灌排渠系的配置。

1．灌排渠系配置的原则

（1）灌水渠应布设在高地或分水岭处，以控制尽可能多的灌溉面积和实行自流灌溉。

（2）渠道的布设应与田块、轮作区道路、林带、土地利用界线以及上下级渠道协调一致。

（3）渠线的设计要短直。

（4）渠道的设计要遵守有关技术规程。

（5）有条件的应设计地下排灌渠系，节省耕地。

2．平原地区

（1）末级固定渠道的布置形式

在平原区一般有以下三种形式，见表2-7。

平原区固定渠道布置形式　　　　　表 2-7

布置形式	布置方式	特　点	适用范围
灌排相邻布置	灌溉渠道和排水沟道相邻布置		有单一坡向的地形和排水方向一致的地区
灌排相间布置	渠道向两侧灌水，排水沟承泄两侧的排水	灌溉渠道设在高处，排水沟设在低处，有利于两面排水，减少损失，但工程量大	平坦或有一定起伏的地区较适用
灌排合渠	排水沟为暗沟，暗沟上面为灌水渠	灌溉和排水同用一条渠道，节约土地，不利于控制地下水位，影响农作物的高产稳产	适宜沿江和滨湖地区，在广大旱作区不宜采用

（2）田间临时渠系的布置形式（表 2-8）。

田间临时渠系的布置形式　　　　　表 2-8

布置形式	布置方式	特　点	适用范围
纵向布置（平行布置）	（图：农渠、毛渠、灌水沟畦、垄沟、斗沟示意图）	由毛渠从农渠引水通过与其相垂直的灌水沟，把水送到灌水沟或畦。毛渠方向与灌水方向相同	适用于较宽的灌水地段

续表

布置形式	布置方式	特点	适用范围
横向布置（垂直布置）	斗渠、毛渠、农渠、农沟（示意图）	灌溉水直接由毛渠输给灌水沟或畦，毛渠方向与灌水方向相垂直	适用于较窄的灌水地段

3. 山丘地区

丘陵山区的农田，按其地形和所处位置的不同，可分为岗田、土旁田、冲田、畈田四种类型。岗田是位于岗岭上的田块；土旁田为山冲两侧的坡上梯田；冲田在两岗之间地势最低处；畈田在冲沟下游和河流两岸。

（1）平缓岗地，以岭定向，地势高，岗顶分水。灌溉干渠一般沿岗脊或沿骨干道路布置，斗渠在干渠两侧垂直等高线布置，排水沟道则布置在岗、土旁之间，将田块按地形高低分片平整，形成梯田，排灌结合。

（2）土旁田田间渠系布置以解决灌溉为主，适当考虑排水防渍要求。农渠沿等高线布置，毛渠垂直于等高线，沿梯田短边布置可以灌排两用。

（3）冲田地势低洼，地下水位高，其渠道布置主要在于扩大排洪出路、排涝防渍、要适当拉直冲沟、平整土地，适应机耕需要。冲田布置形式视冲的宽窄而定（表2-9）。

冲田灌排渠系布置　　　　　表 2-9

冲田宽度	渠系布置	形状
≥100m	开剖腹沟，再垂直冲田走向开排水沟多条	呈"用"字形或"册"字形
<100m	山坡来水面积较大的一侧布置排水沟，在来水面积小的一面开排灌两用渠，再垂直于冲田走向，分别开排水沟多条	呈"月"字形
上窄下宽		上部呈"月"字形，下部呈"用"字形

4. 低洼排水地区

低洼排水地区的田间灌排渠系布置主要是确定排水沟的深度和间距，确定时主要考虑不同作物对地下水深度的要求和土壤质地。在非盐渍土地区，一般沟深约 1～1.5m，沟距可采用 200m 左右。在盐渍土地区，为了便于排盐，间距适当缩小。

5. 井灌区

井灌区降雨缺乏，地下水资源丰富，其田间灌排渠系布置应考虑合理开发利用地下水。在具体布置时，应注意解决好：井数、井距和井位。井数按井灌区总面积除以单井灌溉面积确定；井距按单井灌溉面积确定；井位一般垂直于地下水流向呈行状布置，设在田块地角上，靠近沟、渠、路、林，布置在田块高处，各行井位之间应错开，呈棋盘式。在井渠结合的灌区，要使井位与渠系很好地结合。

6. 喷灌区

喷灌区水源缺乏，应大力发展喷灌等节水灌溉，在蔬菜区、经济作物区及地形复杂、坡度较陡或利用自然水头喷灌的小区，可采用固定或半固定管道式喷灌系统；在地形复杂、地块零碎或有障碍物地区，可采用轻小型定喷机组式或绞盘牵引式喷灌系统；对于在平原、草原、牧场及缓坡地区的较大地块，可采用大型喷灌机组，如自走式喷灌系统，主要涉及管道与喷头布置。

管道布置，应尽量使水源位于喷灌系统中心，并位设在田块中心。对于固定式喷灌系统，需要布置干、支管；对于半固定式喷灌系统，需要布置干管。通常干管沿主坡方向或分水岭布置，尽量通过地块中间，便于两侧布置支管，并且保证支管最短；支管与主风向或干管垂直，与等高线及耕作方向平行。

喷头的布置与其喷洒方式密切相关。规划时，应使相邻喷头喷洒范围内的边缘部分适当重复，以保证喷洒不留空白。喷头的喷洒方式（表2-10）。

喷洒方式 表2-10

喷洒方式	组合形式	支管间距/b	喷头间距/L	有效控制面积/A	特　　点
圆形	正方形 矩形 正三角形 等腰三角形	1.42R (1.0~1.5)R 1.5R (1.2~1.5)R	1.42R (0.6~1.3)R 1.73R (1~1.2)R	$2R^2$ $(0.6~1.3)R^2$ $2.6R^2$ $(1.2~1.8)R^2$	多用于固定式、半固定式喷灌系统以及多喷头移动式机组中。可减少喷头数和投资，降低喷洒强度，应尽量选用
扇形	矩形 三角形	1.73R 1.865R	R R	$1.73R^2$ $1.865R^2$	多用在单喷头移动式机组中作行进喷洒

四、田间道路配置

田间道路是联系着县与乡、乡与村、村与村、村与田间的通道。按其服务面积和运输量的大小，分为主要干、支道，田间道和生产路。其宽度根据运行农机具的幅宽决定。配置原则是：方便生产，节约投资和少占耕地。

1. 田间道路的种类（表2-11）

田间道路的种类及布置　　　　　表2-11

道路类型	主要联系范围	沟渠结合级别	行车情况	路面规格	路面宽（m）	高出地面高度（m）
干、支道	村庄与村庄之间	支沟渠	大型农机具、农用车辆	硬化	5~6	0.5~0.7
田间道	村庄与田块之间	斗农沟渠	农用车辆农业机械	硬化或砂包土	3~4	0.3~0.5
生产路	田块与田块之间	农沟渠	农业机械	砂包土或泥土	2~2.5	0.3

2. 田间道路配置要求

田间道路的规划布置应满足以下要求：

（1）要保证居民点、生产中心与田间有方便的交通联系，道路布局要短而直。

（2）道路坡度、转弯角度等技术指标要符合国家规定的技术要求。

（3）道路要与排灌沟渠、田块、林带和村庄布局相结合，要综合考虑统一布置；充分利用现有各种工程建筑物，以节省投资。

（4）田间道路应沿田块边界布设，并与渠道、护田林带相协调。同时，注意与干路衔接，以形成统一的农村道路网。

五、农田防护林配置

农田防护林是指将一定宽度、结构、走向、间距的林带栽植在农田田块四周，通过林带对气流、温度、水分、土壤等环境因子的影响，来降低风速，减少水分蒸发，改善农田小气候，减轻和防御各种农业自然灾害，创造有利于农作物生长发育的环境，以保证农业生产稳产、高产，并能对人民生活提供多种效益的一种人工林。配置农田防护林主要涉及以下问题：

1. 林带结构

所谓林带结构，就是林带的外形和内部构造。主要指林带的宽度、树种组成、种植密度和断面形式。鉴别林带结构，一般采用林带透风系数。林带透风系数指林带背风面林缘1m处带高范围内平均风速与旷野的相应高度范围内平均风速之比。一般林带结构形式见表2-12。

林带结构形式 表2-12

结构名称	林带透风系数	树木组成	防风距离（H：树高）	适用性
紧密结构	<0.35	多行树木组成的宽林带，由乔、中、灌三层树冠组成，枝叶稠密，几乎不透风	10H	不适宜农田防护林
稀疏结构	0.35~0.6	2~3层树冠组成，有乔木和灌木。在树冠层之间有不同的小空隙，透风均匀	25H	防风效果好，风沙严重地区可采用
透风结构	>0.6	较窄又没有灌木的林带，由1~2层树冠组成，有大空隙	30H	风害地区

2. 林带方向

主林带一般要求与主害风（指5级以上大风，风速≥8m/s）方向垂直布设；副林带与主林带垂直配置，这样防风距离最大，防风效果最好。主林带一般沿田块的长边布置，副林带沿田块的短边布置。当由于地形条件或地界变化等原因主林带与主害风风向夹角可允许有30°左右的变化，但不得超过45°。在平原农区由于田块基本是规整的方田，林带沿田块四周布置，没有必要划分主、副林带。

3. 林带间距

间距过大，不能保护全部农田。但间距太小，又会多占耕地。所以林带间距的确定取决于有效防护距离。林带的防风间距一般为主要乔木树高的20~25倍，最多不超过30倍，但在15~20倍内才有明显的防风效果。不同的林带结构，防风距离不同（见林带结构）。在风害严重的地区，应把林带间距缩小15%~20%。

4. 林带宽度

防护林带的宽度设置应既能保证有足够的防风效果，同时又少占耕地。一般按林带防风效能值选择。防风效能值为有效防护距离与平均防风效率之积。若综合值大，防护作用大，反之作用小。不同林带宽度的综合防风效能见表2-13。

林带宽度与防风效能　　　　　　　　表2-13

林带宽（行）	有效防护距离（倍）	平均放风效率（%）	综合防风效能值
2	20	12.9	258.0
3	25	13.8	345.0
4	25	36.73	918.25
5	25	25.3	632.5
9	25	24.7	617.5
10	15	27.3	409.5
18	25	16.4	410

从表2-13中可看出林带在4~9行树时防风效果较好。

5. 林带交通口

林带交通口是为方便拖拉机和各种农机具的运行而设置的，一般在林带的长边和短边交接处设置。通常沿主林带的长边方向，每隔400~500m处设一宽度为6~7m的交通口，而且为了防止形成风洞，林带的交叉处交通口应交错配置。

6. 树种选择与搭配

考虑树木正常生长发育和防风作用的要求，树种选择按照"适地适树"的原则，在树种搭配上一条林带只宜采用单一的乔木树种，不宜采用多种树种行间、株间混交的搭配方式。

六、田间设施综合配置

田间路和林带，一般沿沟渠结合布置，节约用地。一般田、沟、渠、路、林有几种结合配置形式（表2-14）。

表 2-14

田间设施综合配置形式

综合布置形式	布置方式	剖面示意图	优点	缺点
田—沟—林—渠—路	道路布置在田块的上端，位于灌溉渠道一侧	田 沟 林 渠 路 田	位置较高，不易受水淹；道路另一侧靠农田，人、畜、机下地方便	道路跨越下级渠（衣渠），必须修建较多的小桥和涵管
田—沟—林—路—渠	道路处于灌水渠道和排水沟之间	田 沟 林 路 渠 田	道路与渠系均不相交，灌溉排水方便	道路进入田间必须跨越多涵洞，修建较多涵管，道路拓宽也受到限制
田—路—沟—林—渠	道路布置在田块的下端，位于排水沟的一侧	田 路 沟 林 渠 田	道路邻沟渠，路面干燥，便于灌溉和人、畜、机下地生产	道路与农沟相交需建较多的桥涵管，田块排水要穿路埋管，且多雨季节，田块和道路容易积水受淹

35

实际进行田、路、沟、渠、林整体配置时可根据各地具体情况研究选用，另外还应注意以下几个方面：

(1) 规划时，要因地制宜，从主要问题入手。如在地势低洼的地区，应先布置排水系统，然后布置灌溉渠系和田间道路。

(2) 要尽可能地节省工程量与少占耕地。为了节约占地，可逐步发展暗沟，使用暗管排灌；林带宽度可适当减小。

最后，耕地规划中，各要素的协调配置十分重要，配置各项要素时应进行综合分析和比较评价，选择最佳方案。

第三节 园地规划

园地是农业生产的重要组成部分。规划时应保证园地中生产用地的优先地位，使各项服务与生产用地保持协调的比例。本节重点介绍果园与茶园的规划配置，供其他相关园地规划参考。

一、果园配置

果园是农业生产的重要组成部分。在果园规划配置中，通常果树栽培面积占 80%～85%；防护林占 5%～10%；道路占 4%；绿肥基地占 3%；办公生产生活用房屋、苗圃、蓄水池、粪池等共占 4% 左右。

1. 果园用地的选择

(1) 地质条件：果园用地应具有良好的排水条件，坡度不应超过 30°；坡向在北方宜选择阳坡，以采光增温，在南方宜选择阴坡，以保持土壤湿润；土层厚度应在 1～1.5m 以上，土质疏松，最好是壤土或砂壤土。不符合条件者，应先行改土。

(2) 水利条件：地下水位应距地表 1.5～2.0m 以上，太高会影响果树根系的生长发育；附近应有足够的水源，可以供灌溉和其他生产管理之用。

(3) 避免风害的影响，切忌将果园选择在风口上。

(4) 交通便利。

(5) 尽量不占或少占耕地，可安排在山坡、河滩等地块。

2. 果树树种与品种的选择与配置

(1) 适地适树。即选用适合当地的果树品种，如乡土品种或经试验并证明可靠的引进树种，力求抗逆性强，优质高产。

(2) 根据地理位置，考虑市场要求，选择合适品种栽培。距城市较远或交通不便的地方，应选易储藏、易运输的品种。

(3) 种植规模和树种类型要适当。

(4) 注意品种搭配。果树大多为异花授粉，因此为实现优质高产，配置时应注意选择一定比例的授粉品种。授粉树应与主栽品种有良好的授粉亲和力；并且适应当地环境条件；最好丰产优质，有较高的经济价值。授粉树的配置方式见表2-15。

授粉树配置方式 表2-15

类别	图　　式	配　置　方　式
等量式	●○○○○●●●●○ ○●●●●○○○○● ●○○○○●●●●○ ○●●●●○○○○●	主栽品种互为授粉树或主栽与授粉树数量相等，可采用2:2或4:4排列
差量式	○○○○○ ○●○●○ ○○○○○ ○●○●○ ○○○○○	授粉树少于主栽树，如按5:1, 3:1, 4:1, 6:2等排列，授粉树约占20%~30%
中心式	○○○○○○ ○○●○○○ ○○○○○○ ○○○○○○ ○○●○○○ ○○○○○○	当授粉树很少时，可每9株主栽树中心配置1株授粉树，授粉树约占11.1%
等高式	(山地等高线图示)	在山地果园，沿等高线在主栽树的上部配置授粉树

(5) 与土地规划其他项目，如绿化、水土保持等项目结合进行，充分发挥果园的效益。

3. 果园小区设计

果园小区又称作业区，由道路、灌排渠、防护林等所分隔，种植一种果树，是耕作管理的基本单位。设计内容主要有：

（1）小区的面积：大小不等，可由几十亩到几百亩。通常，在平原或机械化水平较高的地区，面积比山区、丘陵地区的大。

（2）小区的形状：由于正方形小区有利于双向作业，长方形小区便于配置，所以除无风平原地区以正方形为宜外，其他地区均以长方形为宜。在丘陵起伏区，最好呈带状长方形，也可沿等高线走向构成宽弯曲形状。

（3）小区的长度和宽度：长度的确定要兼顾机耕作业与人工管理的要求，一般以 300~400m 为宜。宽度应根据沟渠和防风林带确定，一般为 150~200m，便于品种异花授粉。

（4）小区的方向：应与果树栽植行向一致，在平原区以南北向为宜。在主害风严重地区，小区长边应与主害风方向相垂直。在山丘区，小区长边方向应沿等高线配置，以利于水土保持。

4. 防护林配置

（1）果园区外围防护林带：一般可栽种 3~5 行行距为 2~2.5m 的速生林带，外侧再辅以 1~2 行的灌丛。

（2）果园内部防护林网：在较大面积的果园内部沿小区配置的防护林，由主、副林带组成，主林带沿小区长边垂直于主害风方向，每隔 1~2 个小区设置一条，其间距一般 150~200m，由 5~7 行树木组成，沿果园小区的短边设置副林带，其间距即小区的长度，一般为 200~400m，由 2~3 行树木组成。

5. 灌排渠系配置

（1）灌水系统

平地果园，应将水源设置在果园中心位置，便于全园灌溉。面积较大的果园需要设多个水源。在山地，水源应设在果园的上部，以便自流取水。

通常，支渠沿果园小区短边布置，以利引水灌溉，灌水沟沿果园小区长边方向布置。

（2）排水系统

平地果园应高度重视排水问题。

1）明沟排水

① 小区行间排水沟：与灌水沟位置一致；

② 小区边缘支沟；

③ 干沟末端为出水口。

2）暗沟排水

低洼涝地、地下水位高的地方、水田改为旱地种果的地方，需要暗沟排水。一般沟深 0.8～1.5m，用陶管、混凝土作管道。

丘陵、山地果园一般用明沟设排水系统。

6. 道路配置

果园的运输量大，管理费工，因此设置道路网对于果园发展有重要的意义，所需道路的几类地形配置方式见表2-16。

各地形果园道路配置方式　　表2-16

地　形	道路配置方式
平地	大中型果园一般设干路、支路和小路三级，小型果园可不设小路，干路一般设在果园中部，呈十字形或井字形布置，一般路宽8～10m。支路一般垂直干路，设在小区边界上，路宽5～6m。小路以人行为主，为便于小区作业而设置，间距50～100m，路宽1～3m与支路垂直
丘陵地	干、支路应尽量设在分水岭上
山地	按照地形修筑成迂回盘道，在道路内侧修排水沟，截排坡面来水，保持路面干燥

7. 果树栽培方式

果树的种植方式主要指果树种植的株行距、密度及其排列形式。果树的排列方式通常有正方形、长方形、棋盘形和双行形等几种（表2-17）。

39

果树排列方式 表2-17

排列方式	优 点	缺 点	适用范围	形 式
正方形	行距等于株距，果树分布均匀，能得到充分的光照，营养面积也均匀，又便于纵横向的机械作业	防风效果不佳，受立地条件限制	适用于风小、地平的大型果园	
长方形	株距小，行距大，行内实行密植，有利于提高单位面积产量	果树的营养面积分布不够均匀	采用较广	
棋盘形	相邻行的种植点彼此错开，形成品字形排列。能够充分利用土地	不利于耕作和通风透光	适于小面积陡坡地区	
双行形	能起防风作用，也便于机械耕作	营养面积不均匀	适用于风大的地区	

各种配置方式定植株数计算公式如下：

（1）正方形（或长方形）配置，果树植株数的计算公式为：

$$E = F/(M \cdot V)$$

式中 E——单位面积植株数；

F——造林面积；

M——株距；

V——行距。

（2）三角（棋盘）形配置，果树植株数的计算公式为：

$$E = (F/M^2) \cdot 1.155$$

式中 1.155——是由三角形植树与正方形植树相互比较而来，即面积相同，植树距离相同情况下，采用三角形栽植方式的株数是正方形株数方式的 1.155 倍。

(3) 带状（双行形）配置

根据正方形（或长方形）配置计算出来的单位面积果树植株数 E 乘以带状面积即得带状配置的果树植株数。

二、茶园配置

茶园规划既要考虑当地自然条件，又要适应农业生产现代化的要求。

1. 茶园小区规划

茶园分区划块，目的是便于管理。一般中型茶场要划分为区、片、块三种形式。万亩以上的茶场，需设立分场。小型茶场只划片、块就可以了。

一个茶园小区即为一个综合经营单位，可依自然地形，如防护林、沟、主干道等作为分界线。小区规格见表2-18。

小区规格　　　　　　　　　　**表 2-18**

地区类型	小区规格
浅丘地区（5°以下）	一般不修梯层。小区长度 100~150m，宽 30~50m
丘陵地区（5°~25°）	一般采用等高梯层栽植，梯层宽 4~20m，长 100m 左右，小区长边沿等高线设置

2. 道路配置

茶园道路一般有干道、支道和步道三种，通常依据小区规模、茶行作业需要而灵活布置。

(1) 干道：是整个茶场的交通要道，连接茶场内部各作业区，并和场外公路相通。干道的宽度要求 5~8m，能供两辆卡车交汇运行。在干道两旁，应种植行道树，两侧开设排灌沟渠。

(2) 支道：是园内机具运行的道路，连接各片茶园，与干道垂直交接。一般路宽 3~5m，能容一辆卡车通行。对面积为 200~300 亩大小的茶场来说，支道实际上起着干道的作用。

(3) 步道：从支道通向各块茶园的道路，也是茶园分块的分界线。供采茶人员进出和护理茶园使用，路面宽 1~1.5m。

3. 灌排渠系配置

通常采用灌排结合形式的渠道网，既可利用上部水库自流灌溉，也可采用抽水站提水灌溉。在茶园与周围山林交界处应挖截水沟，一般沟宽 0.7~1.0m，深 0.5~1.0m。

4. 防护林配置

茶园防护林一般种在茶园四周、路旁、沟边、陡坡和山顶迎风处，风害严重的地段应在与风向垂直的方向设置。防护林的宽度一般为 10~20m。

第四节 林地规划

一、林地功能

林地是指成片的天然林、次生林和人工林覆盖的土地。包括用材林、经济林、薪炭林和防护林等各种林木的成林、幼林和苗圃等所占用的土地，不包括农业生产中的果园、桑园和茶园等的占地。

二、各类林地的规划

1. 林地树种规划的原则

树种选择时要因地制宜，按树种的不同生态习性，适地适树；在充分利用乡土树种的基础上，大力引进适生优良树种；以满足环境建设和地区经济发展需求。

2. 各类林地的配置

(1) 防护林的配置

防护林是利用森林调节气候、防风固沙、涵养水源等有益特性以防护为主要目的的林种。包括水源涵养林、水土保持林、防风固沙林、农田、牧场防护林、护岸林、护路林等。

树种选择生长迅速，抗风力强，树冠以窄冠型为好，本身具有较好的经济价值。防护林密度因防护的对象和作用不同而不同，如农用防护林要求有一定的结构和透风系数，同时具有生长稳定、树形高大、寿命长、冠幅紧密，尤其是要求病虫害少而且与农作物没有相同的病虫害等特点。

（2）用材林的配置

用材林是以生产木材为主要目的的森林和林木，包括以生产竹材为主要目的的竹林。

用材林一般多选用速生、丰产、优质稳定和抗病性树种，如落叶松、杨树、泡桐、刺槐、水杉、马尾松、杉木和竹类等。在我国，常见用材林树种的立地条件和适宜地区见表2-19。

常见用材林树种的立地条件和适宜地区　　　表2-19

树种	立地条件	适宜地区
落叶松	1 000m以下山地、丘陵，喜欢酸性、较湿润肥沃的土壤，最耐寒，喜光	东北、西北、华北、西南等地区生长
马尾松	1 000m以下山地、丘陵、酸性、干旱、瘠薄的土壤中生长，对气候要求不耐寒，喜光、耐风	淮河以南
泡桐	在平地、轻沙地、石灰性、湿润肥厚、耐旱、不积水土壤中生长，不耐寒，喜光	华北、华中地区
水杉	在山脚，溪边的酸性、中性，湿润的土壤中生长，不耐寒，喜光	华中地区
杉木	1 500m以下山地、丘陵，酸性、湿润肥厚的土壤中生长，喜温喜湿，怕风怕旱	淮河秦岭以南
刺槐	在平地、沙地、黄土丘陵、低山均可生长，对土壤适应性广，很耐干瘠，耐寒，喜光	西北、华北、西南地区

（3）经济林的配置

经济林是以生产果品、油料、工业原料和药材为主要目的的林种。如山东烟台苹果、莱阳梨、沾化冬枣；河北宣化葡萄、深州蜜桃；河北鸭梨、阜平大枣等。

在选择经济林的树种时，一般以生产果品为主要目的，在配置时密度不宜过大，使之接受充分的光照，应以树冠最大发育程度来确定其密度。如油茶 70~80 株/亩；千年桐 10~20 株/亩；三年桐 50~60 株/亩；乌桕 15~20 株/亩；漆树 30~60 株/亩。

（4）薪炭林的配置

以生产燃料为主要目的的林木。在林地规划中可以配置以薪炭用木为主的经济、用材混合林，提高土地的有效利用率。

薪炭林要求高密度和较高的生物量，而且生长周期短。在配置时为了促使树木营养多存于树干，少生枝叶，通常密植。薪炭林密度在 400~1000 株/亩之间。

（5）风景林等特种用途林的配置

风景林属于特种用途林，通常与公园绿地结合为居民创造优美的环境和净化的空气，因此，其配置要按绿化规划要求进行。

三、苗圃用地规划

苗圃用地指长期进行生产育苗的专业苗圃。

1. 苗圃用地选择

（1）就地育苗，就地供应，减少运输，降低成本，提高苗木成活率是育苗的基本原则。因此其地址应选择用苗范围的中心位置，靠近居民点，交通便利的地方。

（2）地势应选择平坦或 3°以下的地方。经过改土有蓄水设备的等高梯地也可作苗圃。苗圃土壤应以沙壤土或壤土为好，土层厚度应大于 0.25~0.3m，土壤 pH 值在 5.5~6.5（微酸性或中性）的范围内较适宜。其他土壤须改良后方可用于苗圃用地。

（3）地下水位要在 1.5m 以下，而且水源充足，通风良好，无风害。如接近森林，苗圃边界与林缘距离不应小于 20~30m。

（4）注意选择无污染和远离病虫害的环境。譬如，不要选在有金龟子幼虫危害的土地上以及长期种植容易感染枯萎病作物（如棉花、马铃薯等）的地点。

2. 苗木需求量的计算

苗圃用地面积取决于苗木需求量，而林木配置方式又决定苗木需求量。具体计算方法与前面所讲的果园配置中果树植株数的计算公式相同。

第五节　牧草地规划

牧草地是指以生长草本植物为主，用于畜牧业的土地。牧草地规划包括放牧地规划和割草地规划。

一、放牧地规划

1. 季节性牧场的划分

（1）冬季牧场：地形低凹、避风、向阳、植被覆盖度大，有较好的水源，不易被雪埋没，距居民点和饲料基地较近，牧场位于高山与洼地之间是最好的地形条件。总之，应把条件较好的草地留在冬季这个最难度过的季节。

（2）春季牧场：基本与冬季牧场要求相同，同时需地形开阔、向阳、风小、植被萌发早。

（3）夏季牧场：地势较高，通风凉爽，蚊蝇较少，有可靠水源，如高坡、台地、梁地等，这些地方的植被只有在夏季生长旺盛，若此时不利用，其他时间更难利用。

（4）秋季牧场：地势较低，平坦开阔，植被丰富多汁且具有枯黄期较晚的草地。

在划分季节牧场时，应考虑尽可能使草地集中连片，外形规整，便于管理，各季节牧场便于畜群转移。

2. 放牧地段的配置

根据牲畜的不同及同种家畜的不同品种、性别、畜龄等采用不同的管理方式，配置不同的放牧地段，以适应各自的生活习性。

（1）畜群编组及畜群规模的确定

畜群编组的确定有两种具体的方法,见表2-20。

畜群编组的确定方法 表2-20

畜群编组方法	具 体 形 式	特　点	适用放牧方式
单纯畜群编组	同一种牲畜按不同的品种、性别、畜龄、产品率来划分畜群	管理方便	一般的划区轮牧及不同畜群的更替放牧方式
混合编组	把各种牲畜组成一个畜群	充分利用草层	混合放牧的方式

畜群规模应考虑畜牧场规模,牲畜的性别、年龄和生产力水平,畜牧场的组织、管理水平等。各种畜群规模见表2-21。

各种畜群规模 表2-21

牲 畜 种 类	畜 牧 规 模
乳牛	< 100 头
犊牛	58 ~ 80 头
1岁以上小牛	100 ~ 150 头
育肥牛	100 ~ 150 头
繁殖母马	80 ~ 100 头
2岁以上成年马	100 ~ 200 匹
马驹	50 ~ 80 匹
带羔或母羊	200 ~ 300 只
去势羊	600 ~ 700 只
粗毛羊	500 ~ 600 只
细毛羊	200 ~ 300 只
羔羊	700 ~ 1 000 只

注:引自《土地利用规划学》。

(2) 畜群放牧地段面积的确定

畜群放牧地面积以保证能满足畜群所需的饲草量为目标。计算公式为:

$$\text{放牧地段面积}(hm^2) = \frac{\text{牲畜头数} \times \text{放牧天数(天)} \times \text{每头牲畜每日采食量(kg/头)}}{\text{单位面积草地的产草量}(kg/hm^2) \times \text{可利用率}}$$

可简化为：（牧畜头数×放牧天数×每头牧畜每天的食草量）/单位面积草地的产草量

放牧天数是按季节牧地的适宜始牧期和终牧期来确定，单位面积草地产草量按季节最高产草量计，不足部分可利用收割干草后的再生草和人工饲料地的青饲料补充。每头牲畜每天食草量与牲畜的种类、饲养方式有关，当牲畜可以得到部分其他多汁饲料时，每天需要的食草量可相应减少。可利用率指在实行牧草轮作的地区，不是所有的草地都参加放牧，其中有部分草地处于非放牧休闲状态，这一因素不能忽略。

(3) 畜群放牧地段的配置

配置放牧地段应考虑的因素有：

1) 根据不同畜种选择不同放牧地，划分相应的放牧地段。

2) 不同季节放牧地段不能相距过远；放牧地段尽量相对集中，而且天然放牧地应与人工饲料地相邻配置。

3) 放牧地段设置应考虑地形，顺坡布置，减少地表水下流导致病菌传染；易受病源感染的黏重、过湿、有机质含量高的土壤，不宜放牧；不同畜种对地形的要求不同。

4) 在平坦处，放牧地段宜设计成规整的长方形或方形，并且集中连片，以便于轮牧小区的设计。在地形割裂的地方，放牧地段界线应与自然界线相结合。

3. 轮牧小区的设计

(1) 轮牧小区数目计算公式

轮牧小区数 = 轮牧周期/小区内放牧天数 + 休闲区数

1) 轮牧周期

为放牧地段内，每个小区从本次放牧到下一次放牧相隔的时间。取决于牧草再生速度，一般为 25~45 天。

2) 小区内放牧天数

取决于牧草再生高度的限制。一般5~6天。

(2) 轮牧小区面积

轮牧小区面积＝每个畜群的季节牧场面积/小区数

轮牧小区的面积不能低于以下规模：

   100头乳牛群的轮牧小区面积——60~90亩

   600只绵羊群的轮牧小区面积——75~105亩

(3) 轮牧小区的形状与规格

形状以矩形为宜。宽度设计一般以各种牲畜放牧行进的单程宽度为主要依据。小区的长度应与牲畜每天往返行走的适宜距离相适应，同时考虑小区面积。

(4) 轮牧小区的划分

草场类型尽可能一致；尽量减少畜群空行，考虑光照、风向对放牧的影响；距饮水处保持较近的距离；以河流为饮水水源，为防止污染水源，小区顺序应自下游向上游排列；小区间应有方便的联系；尽量以自然地物或设围栏划分小区界线。

二、割草地的规划

由于牧草地的产草量存在着明显的季节间的不均衡性，为保证全年均衡供应饲草。

1. 割草地的选择

(1) 对草的要求：植株生长旺盛，茎秆高大，且草质好。植被的再生能力强。

(2) 对地形的要求：地势低平，土壤水分条件较好，集中连片，障碍物少。

2. 轮割区的划分

轮割区是轮割制度的基本作业单位，可按割草地的总面积、轮割制度、地形条件、割草的机械化程度、草地改良和保护的要求等条件划为几个轮割区。

3. 贮草场的设置

应选在冬季牧地内距牲畜棚舍较近，运输方便的地方。场地要求高燥，地势平坦，排水良好，以防干草受潮变质。此外还要注意防火，设在背风处，四周设围栏。

第六节 水产用地规划

一、水产用地分类

1. 天然水产用地：指主要采用天然捕捞方式的近海、海涂及内陆江河、沼泽等。
2. 养殖水产用地：指主要采用人工养殖方式的水库、湖泊、塘堰、人工鱼池、水稻田、人工海水养殖区等。

二、人工养殖场规划

1. 人工鱼池的规划设计
（1）场地选择：
1）水源充足，水质好，含盐含铁少。水温要求为25℃左右，酸碱度pH为6.5~8.5，每升含溶解氧量3mg以上，透明度宜在25~40cm之间；
2）土壤渗漏少，土质地形适宜建池，土质以壤土为好，地形平坦，但不得占用农田；
3）安全性好，无洪水、潮汐和大风等威胁，按25年一遇标准来考虑洪水发生概率；
4）交通便利，便利的能源和饵源供应地。
（2）鱼池规格
1）形状：以长方形为宜，长度比为2:1或3:2，尽量整齐划一。使鱼池日照时间长，有利光合作用，而且管理方便。
2）大小和深浅：根据生产需要而定，不同生长发育阶段，鱼塘的大小、深浅不一。面积不宜过大或过小，过大操作困难，管理和投饵不便，一旦发生鱼病损失过大，但面积过小，又会造成浪费土地，浪费劳动力，而且水质不稳定（表2-22）。
（3）鱼池布局（表2-23）

养鱼池的面积与深度表　　　　　　　表 2-22

鱼　　池	面积（m²）	深度（m）
产卵池	333.3～666.7	1～2
孵化池	333.3～666.7	2
鱼苗饲养池	666.7～2 000	1～1.5
鱼种饲养池	2 000～3 333.5	1.5～2
成鱼池	6 666.7	2.5～3.5

鱼池布局方式　　　　　　　　　表 2-23

布局方式	优　点	缺　点	适用地面
阶梯式	可充分利用水源，同一水源可流经各处	一旦上段鱼池发生鱼病时，就会很快传染到下段鱼池。可采用分池送水、排水的方法克服	倾斜的地面
水平式	水源分别流入各池，不易传染鱼病	用水稍多	较平坦的地面

（4）养殖场的布局

养殖场内各类用地在设计建造时应遵循以下原则：

1）办公、试验以及综合服务设施布置在养鱼场中心位置，并有道路相通，便于饲养管理。

2）应层层布置。通常，鱼塘、产卵池及孵化设备距场房较近；鱼苗池靠近孵化设备，鱼种塘围绕鱼苗池，外围是成鱼塘。

3）为避免传染鱼病，要分池送水。

4）考虑日照，鱼塘应东西走向，即东西为长边。

5）注水、排水道分别设置，各成系统。

6）饲料、水产品加工厂和畜牧场等应设在离鱼池较远的地方，最好在河流的下游。

2．珍稀水产养殖池配置

在养殖场中，除一般的人工养鱼池之外，常因地制宜地建设一些珍稀水产养殖池，以期有效利用水面资源，增加创汇或药用产品。

3. 天然水域的利用规划

（1）坑塘的改良利用

一般有：浅改深，达到 2~3m；小改大，面积在 5.0~10.0 亩左右；漏水塘改保水塘，死水塘改活水塘。

（2）湖泊、水库的规划利用

建设堤坝等拦鱼设施，或推广网箱养鱼。

（3）河流水面养鱼

推广网箱养鱼。

4. 基塘生态系统

基塘生态系统是珠江三角洲兼顾作物生产和水产养殖的生态系统。我国广东省珠江三角洲地势低洼，常受水淹。基面上种植甘蔗、香蕉、桑、草和花等作物，农民就把一些低洼田挖成鱼塘，塘内养殖鲢、鳙、鲮和鲤四大淡水鱼；挖出的土将周围的地势垫高，并将各个池塘隔开，叫做基；在基上可以种果树、蔬菜、甘蔗、桑树、花卉等，分别称为果基鱼塘、菜基鱼塘、蔗基鱼塘、桑基鱼塘和花基鱼塘等。拿桑基鱼塘来讲，蚕以桑叶为食，是第一级消费者，生产丝、茧、蛹，排出蚕粪。塘里的鱼是第二级消费者，塘泥肥力高、肥效长，又有抗旱和防止杂草滋生的作用，是施用于桑基的好肥料，从而进入新的循环。这样就形成人工控制的立体的水陆兼备的农业生态系统。

第七节　农村建设用地规划

农村建设用地是指农村集体经济组织和农民个人投资或集资，进行各项建设所使用的土地。广义地讲，农村建设用地包括农业建设用地和农村非农业建设用地两部分。目前我们通常所指的农村建设用地是指农村非农业建设用地，农村建设用地按土地使用的主要性质划分为：居住建筑用地、公共建筑用地、生产建筑用地、仓储用地、对外交通用地、道路广场用地、公用工程设施用地、绿化用地、水域和其他用地 9 大类、28 小类。其中水域和其他用地不列入建设用地统计。

一、农村规划建设用地标准

城市住房有人均建设用地指标，在农村也有相应的用地标准。

1. 人均建设用地指标

农村人均建设用地指标应为规划范围内的建设用地面积除以常住人口数量的平均数值。注意，人口统计应与建设用地统计的范围相一致。按规定分为5级，见表2-24。

人均建设用地指标分级　　　　　表2-24

级别	一	二	三	四	五
人均建设用地指标（m^2/人）	>50 ≤60	>60 ≤80	>80 ≤100	>100 ≤120	>120 ≤150

注：引自《土地利用管理》。

对于新建农村的规划，其人均建设用地指标宜采用 80~100 m^2/人，当发展用地偏紧时，可适当减少。

对已有农村进行规划时，并应符合表2-25。

人均建设用地指标　　　　　表2-25

现状人均建设用地水平（m^2/人）	人均建设用地指标级别	允许调整幅度（m^2/人）
≤50	一、二	应增 5~20
50.1~60	一、二	应增 0~15
60.1~80	二、三	应增 0~10
80.1~100	二、三、四	可增、减 0~10
100.1~120	三、四	可减 0~15
120.1~150	四、五	可减 0~20
>150	五	应减至150以内

注：引自《土地利用管理》。
　　允许调整幅度是指规划人均建设用地指标对现状人均建设用地水平的增减数值。

2. 建设用地构成比例

要合理控制各类用地比例,四类主要用地按表 2-26 控制。

建设用地构成比例 表 2-26

类别代号	用地类别	占建设用地比例(%)	
		中心村	基层村
R	居住建筑用地	55~70	70~80
C	公共建筑用地	6~12	2~4
S	道路广场用地	9~16	8~15
G	公共绿地	2~4	2~4
	四类用地之和	72~92	82~95

二、农村居住建筑用地规划

农村居民住宅建设用地即农村宅基地,指农村的农户或个人用作住宅基地而占有、利用本集体所有的土地,包括建了房屋、建过房屋或者决定用于建造房屋的土地。

1. 规模

应根据所在省、自治区、直辖市政府规定的用地面积指标进行确定(表 2-27)。

农村居民点建设标准 表 2-27

居民点类型		人均建设用地(m^2)	户均宅基地(m^2)	容积率
城郊居民点	平原居民点	≤90	≤166	≥0.5
	山区居民点	≤80	≤133	≥0.4
其他居民点	平原居民点	≤100	≤200	≥0.3
	山区居民点	≤80	≤133	≥0.4

2. 选址

(1) 保证安全、卫生。居住建筑用地应布置在大气污染源的常年最小风向频率的下风向以及水污染源的上游。

(2) 有利生产，方便生活。居住建筑用地应与生产劳动地点联系方便，又不互相干扰。

(3) 合理选址，避开灾害。选择适于建筑工程所需要的地形和地质条件的用地；避免洪水、地震、滑坡、泥石流等自然灾害影响的地段；避免被铁路、高等级公路和高压输电线路所穿越；避开自然保护区、有开采价值的地下资源和地下采空区。

(4) 节约土地，节省费用。村庄建设规划应立足于旧村改造为主，充分利用现状建设用地，用地形态宜集中而完整。

3. 规划

应符合农村土地利用总体规划，应综合考虑相邻用地的功能、道路交通等因素进行，减少拆迁量；与现状地形地貌、河流水系相适应；而且应根据当地自然条件和不同住户的需求，选定不同的住宅类型，改善居住环境，形成良好住宅景观；采取集约式布局，相对集中布置，紧凑发展。

三、公共建筑用地规划

农村公共建筑用地可分为公益性公共建筑和商业服务性公共建筑两类。

1. 用地要求

公共建筑应按建设社会主义新农村、建立新型农村保障体制体系的要求配置。

(1) 农村公共建筑除学校和卫生院外应集中设置、形成规模，成为村庄的公共活动和景观中心。

(2) 学校应按教育部门有关规划进行布点。

(3) 卫生院用地要求环境卫生、安静。排除污水时不致污染饮用水源。

(4) 应结合村庄公共建筑中心或村口布置公共活动场地，

满足村民交往活动的需求。

（5）集贸设施用地应综合考虑交通、环境与节约用地等因素进行布置。

2．配置标准

（1）公益性公共建筑按照村庄人口的规模选配，应符合表2-28和表2-29的规定。经济条件较好的，可适当提高。

公益性公共建筑选配套标准　　　　表2-28

设施类别	设施名称	<500人	500~1 000人	>1 000人
行政管理	村委会	★	★	★
教育	托儿所	☆	☆	★
	幼儿园	☆	☆	★
	小学	-	☆	☆
	初中	-	-	☆
文化	文化活动站（室）	☆	☆	★
	图书室	-	☆	☆
	老年活动室	-	☆	★
医疗	门诊所	☆	☆	★
	卫生所	-	☆	☆
	计生站	-	-	☆
体育	室内体育活动室	☆	☆	☆
	健身场地	☆	★	★
	篮球场	☆	☆	★

注：☆为建议配置，★为必须配置，-为不需配置。

引自《山东村庄建设规划》。

公益性建筑面积标准　　　　表2-29

公共建筑项目	建筑面积（m²）	服务人口（人）	备　　注
村（居）委会	200~500	管辖范围内人口	
幼儿园、托儿所	600~1 800	所在村庄人口	2~6班
文化站（室）	200~800	同上	可与绿地结合建设

续表

公共建筑项目	建筑面积（m²）	服务人口（人）	备注
老年活动室	100~200	同上	可与绿地结合建设
卫生所、计生站	50~100	同上	可设在村委会内
运动场地	600~2 000m²（用地面积）	同上	可与绿地结合建设
公用礼堂	600~1 000	同上	可与村委会、文化站（室）建在一起
文化宣传栏	长度>10	同上	可与村委会、文化站（室）建在一起，或设在村口、绿地内

注：引自《山东村庄建设规划》。

（2）商业服务设施按照市场需要进行配置，规划应确定独立设置的商业设施的位置和规模（表2-30）。

商业服务设施建设规模表　　　　表2-30

人口规模（人）	<500	500~1 000	>1 000
设施建筑面积（m²）	>200	>400	>600

注：引自《山东村庄建设规划》。

四、生产建筑和仓储用地规划

（1）生产建筑用地应根据其对生活环境的影响状况进行选址和布置。对于造成环境污染的工业用地，应远离居住区，并且进行治理或调整。

（2）农业生产设施用地的选择，应符合以下规定：① 农机站（场）、打谷场等的选址，应方便田间运输和管理；② 大中型饲养场地的选址，应满足卫生和防疫要求，宜布置在村庄常年盛行风向的侧风位，以及通风、排水条件良好的地段，并应与村庄保持防护距离；③ 兽医站宜布置在村庄边缘。

（3）工业生产用地应选择在靠近基础设施条件较好、对外交通方便。应邻近布置协作关系密切的生产项目，分隔相互干扰的生产项目。并且符合现行的有关规定。

（4）仓库及堆场用地应设在村庄边缘、交通运输方便的地段，具体用地选择时应按所存储物品的性质确定，例如粮、棉、木材、油类等易燃易爆和危险品仓库应远离居住区布置，而日用品仓库等可布置在农村居住建筑用地附近。

（5）生产建筑用地、仓储用地的规划，应保证建筑和各项设施之间的防火间距，并应设置消防通道。

五、道路、对外交通用地规划

1. 公路规划应符合国家现行的《公路工程技术标准》的有关规定。

2. 农村道路可根据村庄不同的规模，选择相应的道路等级系统。各级道路指标见表2-31所列。

各级道路指标（m） 表2-31

道路级别	道路间距	道路宽度	建筑控制线
主要道路	120~300	10~14	14~18
次要道路	60~150	6~8	10
宅前道路		3.5	

1 000人以上的村庄可按照三级道路系统进行布置，1 000人以下的村庄可适当选择道路等级与宽度。

第三章 农村土地资源开发

第一节 土地资源开发

一、土地资源开发的含义

土地资源开发,简称土地开发,不仅包括生荒地、滩涂等土地开垦,还包括对已经开垦和没有开垦土地的利用深度的开发。例如,对还没有利用的土地通过一定的技术经济手段改造后投入非农业建设利用;将农业用地经过平整和基础设施建设后转为非农业建设用地;对利用不充分、生产效益低下的土地加以改造;对基础设施不配套的居住区加以改造等。

综上可以看出,土地开发是指通过各种技术、经济等手段挖掘土地的固有潜力,提高土地利用率,扩大土地利用的广度和深度,充分发挥土地在生产和生活中的作用。

二、土地资源开发的类型

土地开发是随着社会的发展而不断进化的,从刀耕火种到机械耕作,从农业用地转为城市用地,从满足温饱到享受生活,不同的社会发展阶段土地开发的内容不同,就会有不同的土地开发类型。从目前的社会经济发展要求和正在进行的土地开发来看,土地开发类型主要有以下几种:

1. 宜农荒地的开发

宜农荒地是指在现代经济技术条件下,适合开垦为种植农作物或牧草的天然草地、林地和其他未被利用的土地。以前这一类型的土地开发是人类开发活动的主体,目前世界上可以用来开发的大片荒地已经不多,我国的宜农荒地数量少,质量差,主要分布在西部偏远地区及山区。

2. 沿海滩涂的开发

沿海滩涂，又称海涂，主要指分布在沿海潮间带的那部分涨潮淹没、退潮露出的土地。从开发利用的角度来看，滩涂不仅包括全部潮间带，还包括潮上带和潮下带可以开发利用的部分，包括高滩（潮上带）、中滩（潮间带）和低滩（潮下带）。对于这部分土地只需要采取一定的工程措施，就可以被人类利用，是沿海用于水产养殖、围海造田、喜盐植物种植等经济活动的特殊自然资源。沿海滩涂的开发就是利用一定的工程技术措施，将未利用的滩涂开发成可以利用的土地。由于滩涂经常变化，并且滩涂在泥沙来源丰富的沿海仍在淤长，可以边开发边利用，因此滩涂是未来土地开发的重要方向。

3. 农地整治开发

农地整治开发就是利用现有的经济技术水平，对利用率低的农用土地如中低产田、自然生产的牧草地等进行改造，改善它们的利用条件。目前，虽然已经开发利用的农地面积很大，但许多地区的利用效益不高，仍然具有广阔的开发前景。

4. 闲散土地的开发

闲散土地，是指那些面积零碎、分布散乱的尚未利用的可用于开发经营的土地，主要包括田头、地角、房前屋后、村边、路旁、河滩小片荒地、废弃的坑塘场院、工矿废弃地以及水冲沙压、滑坡等自然灾害破坏的土地等。闲散土地的开发就是将这些零碎散乱的土地开发成可以利用的土地。

5. 建设用地的开发

建设用地是指建造城乡住宅和公共设施、工矿设施、交通水利设施、旅游设施、军事设施等的土地。建设用地的开发是指在规划的基础上，将区域内的农业用地或其他用地转变为建设用地，并进行生产生活设施的配套建设或改造，使它们适应人类发展需要，包括新区的开发和旧区的改造。建设用地的开发与其他类型的土地开发相比，具有投资高、社会经济效益高的特点，但大多数占用耕地，因此开发前必须进行充分的论证、合理的规划和严格的审批，杜绝乱开发。

针对农村当前的土地利用特点，本章把宜农荒地、闲散土地、沿海滩涂和村庄建设用地的开发作为重点分节阐述。

第二节 宜农荒地资源开发

根据国土资源部制定的全国土地开发整理规划，到2010年，我国通过开发整理土地将补充耕地274万hm^2（公顷）。其中，通过开发宜耕土地后备资源补充耕地73万hm^2，只占补充耕地面积的26.6%。可以看出：中国农业的发展从资源消耗型的传统增长方式转向可持续发展，更加注重农业资源的合理有效利用，对荒地的开发严格限制，避免造成资源环境的破坏。但宜农荒地作为我国重要的后备土地资源，开发是必然的，只是时间的问题，这就提醒我们在对荒地的开发过程中必须谨慎，应该严格遵循自然规律，尽可能提高荒地的利用效率，达到土地的可持续利用目标。

一、宜农荒地的特点

宜农荒地包括荒山、荒沟、荒丘和荒滩，在一定的经济技术手段下，可开发为耕地、园地、林地、牧草地等农用地，一般具有以下特点：

1. **远离城镇**

宜农荒地大多数位于边远山区，人口稀少，土地相对贫瘠，开发利用难度较大，一般只能作为农用地。我国宜农荒地主要分布在北纬35°以北的地区，东北、内蒙、西北比较集中，大致以"兴凯湖—通辽—兰州"为界，以西、以北宜农荒地约2 867万hm^2，占全国宜农荒地总量的82%。

2. 区域开发程度低

宜农荒地一般是待开发的处女地，农业生产所需要的基础设施少，大部分地区距离灌溉水源较远，水利设施严重缺乏，交通不便，距离电力设施和电源供应地较远，开发利用的难度大。

3. 数量少

根据调查，我国现有的宜农荒地约5亿亩，还不到世界宜农荒地的2%，仅仅相当于我国耕地面积的27%，人均宜农荒地0.4亩，加上人均耕地1.4亩，还不到世界人均耕地面积5.4亩的一半，说明我国后备耕地资源严重不足。

4. 质量差

由于受水热条件的限制，我国大部分的宜农荒地质量比较差。根据《中国宜农荒地资源》的统计，质量差的宜农荒地（三等地）占总量的68.6%，质量中等的（二等地）占22.5%，而质量好的宜农荒地（一等地）只占8.9%。从开发的难易程度上来看，需要采取不同程度的改造措施或保护措施才能开垦的宜农荒地约占全国总量的91%。在发展农业的限制因素中，需要灌溉才能保证稳产的宜农荒地占全国总量的64%，不灌溉就不能发展农业的占49%，需要改良盐碱的约占43%，需要采取水土保持措施的有32%，要排水疏干才能利用的沼泽化土地有16%。

新疆是我国拥有荒地最多的省区，宜农荒地中盐碱化土地达4 305万亩，占全自治区宜农荒地总面积的52.2%，近期有水源可以开垦的宜农荒地只占1/5。

二、宜农荒地的开发原则

根据宜农荒地的特点，在开发时要遵循以下原则：

1. 服从土地利用总体规划的原则

土地开发要以区域土地利用总体规划作为依据，土地开发的结构和布局必须与土地利用规划保持一致。

2. 因地制宜的原则

根据待开发荒地的土地适宜性，尊重自然规律，宜农则农，宜林则林，宜牧则牧，宜渔则渔，注意发挥区域优势。例如适宜开发为水田的宜农荒地，要求水源充足，土层深厚；适宜开发为旱地的，要求地形低平、坡度缓、土壤较肥沃、植被主要是草本植物；坡度在 $6°\sim25°$ 的低丘缓坡地一般作园地；对350m以上、坡度大于 $25°$、土壤瘠薄的荒地，因为受到农耕作业的限制，适合营造林地；盐度适中，浮游动植物丰富，适于贝藻鱼虾等繁殖生长的地方，适合作为水产养殖基地。

土地开发具有鲜明的地域性，不同地区开发的内容和方法也不全相同，应该区别对待。例如，丘陵地区开发时要重点解决灌溉问题以及如何防止水土流失，低洼易涝地区要重点考虑排涝防渍。

3. 坚持生物多样性的原则

任何自然生态系统都有一个共同特点，就是生物多样化。生物多样化意味着食物网络比较复杂，每种生物的食物选择范围就越自由和宽广，生物生存的可能性也就越大，不容易发生某种生物数量暴增暴跌的现象，有利于生态平衡。

农业生产系统与自然生态系统之间的最大区别就是它的种植模式是由人安排的，由于人类要从系统中获得尽可能多的生物产量，于是其他生物如杂草等便不允许存在。通常农业生产系统只有几种生物，现代农业更是发展到大面积农田的单一品种专业化种植。专业化种植，品种单一而生物量巨大，对作物的天敌来说是巨大的资源，会使天敌过度增长，产生病虫害。荒地资源开发利用过程中，尤其在开发初期，应该更多地利用自然界的力量，通过多样化生物的种养，增加植被，提高土地生产力。

4. 可持续利用的原则

土地开发必然会引起原有生态系统结构与功能的变化，因此开发前必须认真分析土地开发过程中对生态与环境可能造成破坏的各种因素，制定相应的生态保护措施，还要注重资源的节约，达到土地资源可持续利用的目标。

5. 最佳效益原则

宜农荒地开发时，要充分发挥经济、生态、社会三大效益，寻求三者的最佳结合点。

经济效益是土地开发的基础，开发后只有保证比较高的产出回报率，增加农民收入，土地开发才能顺利进行并能保持良性发展。因而，要集中开发条件较好、投资少、见效快的荒地资源，充分运用先进的科学技术，尽量扩大开发规模，使田块连片，发展农业机械化，提高劳动生产率和规模效益。种植业开发同加工业开发相结合，按产业化的方向搞好农副产品的深加工，根据市场的需要及时调整生产结构，生产适销对路的产品。

生态效益是土地开发的保障，只有保护和改善了生态环境，提高了环境的容纳能力与自我调节能力，开发的成果才能得到长期巩固，土地开发才具有持续的生命力。开垦宜农荒地之前要进行认真论证，并要采取必要的工程措施，防风固沙，控制水土流失，严防灾害对生态环境的破坏。

社会效益是土地开发的支撑，只有广泛征求群众意见，引导群众参与，充分考虑和保障农民的切身利益，坚持以粮为主，保障粮食安全，为社会经济提供更大的发展空间，荒地开发才能获得广泛的社会支持。

虽然经济、生态、社会三大效益长期来说是一致的，但短期内有可能发生冲突，政府重视的是生态效益和社会效益，农民追求的是经济效益。因而开发时要立足长远，做到经济上有效、生态上平衡、社会上接受，达到三大效益最大化。

6. 坚持以开发耕地为主的原则

我国每年新增人口1 500万左右，人多地少的矛盾日益突出，而且耕地面积还会因为建设用地、农业内部结构调整和灾毁等原因继续减少，在土地允许的前提下，坚持宜农荒地开发以耕地为主的原则，有利于实现耕地总量动态平衡，缓解人多地少、粮食相对不足的现实问题。

7. 坚持以农民为开发主体的原则

宜农荒地资源大多位于边远地区，自然条件差，经济、社会条件改善缓慢，劳动力成本低，农民缺乏有效的脱贫致富手段。农民可以通过承包、租赁或拍卖获得荒地使用权，依法享有继承、转让（租）、抵押或参股联营的权利。如果农民获得长期的荒地资源使用权，就必然会关心开发利用的长期效益，关注生态环境的改善，有利于走上农业生态良性循环的道路。

三、宜农荒地的开发途径

宜农荒地资源的开发是一个关系到农业开发成效、解决粮食短缺、缓解人地矛盾的现实问题，因而必须结合区域实际，因地制宜，采取科学合理的开发思路与措施，确保预期的开发效果。

1. 制定适宜可行的开发规划

在对宜农荒地的自然经济特点和开发能力进行详细调查的基础上，依据土地利用总体规划确定的指标，以深度开发为主，统筹兼顾，择优立项，合理安排时间和空间开发布局，制定科学的开发规划，坚持以田块定项目，以项目定投资，以投资定效益，集中开发，突出重点，开发一片，成功一片。坚持高起点、高标准、高质量、高效益，防止建设标准不高以及不必要的重复投资和建设。要做到这一点，必须要搞好开发的前期论证，对资源条件、开发任务、投资效益、开发措施和技术、开发速度、开发次序、开发方式等进行可行性分析。

2. 实施多层次多形式的开发体制

（1）完善资金投入机制

采取国家、地方、集体和个人等多方筹集，多渠道、多层次、多方位的农业开发投资融资机制，逐步完善用于荒地开发的资金投入机制。

1）增加财政收入。各级财政部门要确保开发配套资金及时足额到位，并且要随着财政收入的增长，逐步增加财政用于土地开发的支出。

2）增加贷款指标。农业银行要按照中央财政投资的比例增加贷款指标，而且要保证做到有指标有资金，不准挤占、截留和挪作他用。

3）建立开发专项资金。为了使宜农荒地开发的资金投入制度化、规范化，有必要建立专项资金，过去国家农业综合开发用在宜农荒地开发上的资金只占很小一部分，常常因为资金无法落实而难以完成开发任务，使得宜农荒地开垦只能是纸上谈兵，而专项资金的建立有助于解决这一问题。

4）广泛吸纳社会资金。制定一系列优惠政策（如明确开发者的经营使用权；确定使用年限；在使用期内可以转包、转租；在贷款、物资、技术等方面优先给予安排等），鼓励集体和农民群众自筹资金搞开发，使农民逐步成为开发的投入主体。积极吸引外资，拓宽利用外资渠道，设法利用世界银行贷款，条件成熟的地方可成立宜农荒地开发投资公司，具体负责开发基金的管理与融资任务。

2000年9月南京市浦口区乌江镇导入土地经营理念，主动将抛荒地与闲散土地集中起来，登报广而告之，吸引民间资本和城市工商资本加盟农业开发。仅仅2年半时间，32家农庄把1.5万余亩江滩洼地变成了"绿色银行"。1.5万亩土地原本最佳收益不过300万元。开发后农庄以每亩100~300元的价格，从农民手上取得土地使用权，每年付给农民的地租就是300万元；农庄同步把农民变成了农业工人，仅一年32个农庄就支付农民工资800余万元。

总之，要通过多种途径，逐步建立起政府、集体、农民多层次，以及财政、银行、外资等多渠道的投入机制，确保荒地开发的数量和质量。

（2）推行多方联动的开发模式

宜农荒地的开发可以采取联户、集体、个人等多种形式，也可以采用业主开发、实体开发、联合体开发、股份合作制开发、外资开发等模式，鼓励异地开发和企业集团参与土地开发，鼓励城镇下岗失业人员从事土地开发，采用多种经营形式，提高宜农荒地开发利用的效益。

对于可以规模开发的连片荒地，可以开发为具有较高商品率的新农业生产基地，实现规模效益。如果乡、村经济实力较强的话，可以发挥国家和集体的优势，集中开垦，以集体经营的形式为主；如果乡、村实力较弱，可通过土地流转，借助外来资金的投入，进行联合开发经营。

对于分散的小块荒地，适宜农户分散开发，应鼓励农民就近开荒造田，开发成耕地、果园、茶园等，也可以鼓励有技术、有经营能力的大户进行承包、租赁经营。

目前常用的开发模式一般有：

1) 政府统一开发。县、乡、村实行统一规划，共同投入，集中开发，解决基础设施，如水利设施、机耕道等，并且与农田基本建设和水利建设同步进行，完成土地一级开发。

山东省蒙阴县对于面积较大的宜农荒地采用"先治后包"的办法，由县、乡、村集中人力物力连片开发后，承包给群众经营管理，承包期一定50年不变，并允许继承和转让。县财政还从耕地占用税和扶贫资金中，拿出一部分用于奖励扶持土地开发先进个人，大大激发了广大农民开发土地的积极性。

2) 股份合作开发。在土地开发中，引入股份制，明确个人拥有的产权，以有限责任规避经营风险；通过土地入股分红，建立土地参与产业经营的利益激励机制，可以调动起农民的开发经营积极性。股份制开发的运作形式一般有以下两种：一是以队和村为单位的合作经济组织将土地评估入股，村成立"土地股份合作经营公司"，将土地长期承包权变成长期股权，村民拥有股权，以股份分红体现集体和个人的利益；二是在开发型农业中，以生产项目为中心，吸收土地入股，公司扣除专项费用后，股份红利一次性兑现给股东。我国的土地股份制开发在20世纪80年代就已经起步,而且取得了较好的效果。

20世纪80年代初,江西省安远县坪岗脑村民小组利用山地资源开发股份制果园,开创了农业股份制企业的先河。1982年,坪岗脑人通过开发荒山,创办了全县首家股份制果园,种柑桔95亩,人均1股1亩。1985年果园开始分红,到1989年,仅柑桔一项坪岗脑村人均收入就达1 800多元。

3）个体或联户承包开发。由一户或几户农民联合向村组集体招标承包,集中连片统一开发。农户还可以与一些单位签订技术承包合同和产销合同,建立"农户＋公司"的经营模式。

4）租赁开发。宜农荒地多分布在人少地多的偏远地区,开发后的农业生产效益不高,当地农民种粮的积极性不高。租赁经营开发是值得推广的一种开发方式,在一定时期内（一般为30~50年）有偿转让荒地的经营权,允许跨社区、跨行业、跨所有制购买,一方面租期内农民能获得一定的租金收益,租期满后土地仍归农民所有；另一方面外来的资金、技术、信息和当地农村劳动力结合,提高了农民收入,培养了一批具有一定专长的技农。

5）拍卖开发。在税费改革过程中,许多地方都掀起了一股拍卖土地的风气,如"四荒"（荒山、荒坡、荒沟、荒滩）拍卖,它是继家庭联产承包责任制之后土地制度建设的又一次变革和突破。江泽民书记1994年初视察山西省吕梁地区时指出："卖掉的是使用权,得到的是农民治山治水的积极性"。虽然实质上还是租赁经营,但由于它明晰了土地产权,延长了土地承包期限,而且还可以继承和转让,消除了农民的思想顾虑,从而舍得向土地投资、投劳、投物,在较大范围内兴起了开发荒地的热潮,买主不仅仅限于农民,还有社会各界其他人士。这种开发方式一方面盘活了村级土地资源,使得许多抛荒地和荒山荒坡得到了开发利用,另一方面也缓解了村级债务压力。

山西省吕梁地区 1992 年在全国率先推出了拍卖"四荒"使用权的改革措施,到 1995 年底总计拍卖"四荒"19 万 hm^2,参与购买"四荒"农民达 10 万户,治理面积 10 万 hm^2,分别占到全区"四荒"可利用面积、总农户和拍卖总面积的 58%、10% 和 55%。通过制定一系列优惠政策,使"四荒"开发的速度之快、质量之高、参与农户之多都是前所未有的。

3. **集约开发,规模经营**

农业集约开发是实现农业现代化一个重要途径,主要是通过增加劳动、资金和科技的投入得以实现。

(1) 资金短缺、劳力比较充裕的地区,可以发展劳动密集型产业,以劳动积累代替资金投入,搞好精耕细作,提高单产;劳力较少、资金比较充足的地区,应该发展资金密集型产业,高投入高产出。

(2) 实行区域化、专业化生产,加速产业化发展进程,有利于劳动分工和社会化服务,提高劳动生产率。

(3) 增加投入,加强农田基本建设,改善生产条件,提高耕地综合生产能力,为农业稳产高产创造基本条件。

(4) 应用先进的科学技术,增加科技投入,积极推广科研成果,提高农产品的科技含量,使耕地单产迈上新台阶。

(5) 扩大耕地的经营规模,实现农业机械化,提高劳动生产率和规模效益。家庭联产承包责任制有力地促进了农业生产,但由于土地细碎化,给经营者采用新技术、进行集约生产造成不便。而荒地的开发中则应该尽可能集中连片,建立多元化、高产高效的耕作制度,使土地集约化程度得到加强。

(6) 优化产业结构,采用间种、套种、立体种植等形式,实行农林牧渔复合经营,提高单位面积土地的产出率。在土地适宜的前提下,根据国内外农产品市场需要,选择发展效益好、开发潜力大的粮食、经济作物和果品生产,兴办果园、茶园、林场和经济作物基地等专业化绿色企业,大规模提高农产品的商品率。

湖南省桂阳县有80hm^{2}水面的仁义渔场，周围有大片宜农荒山，桂阳县政府投资100万元进行建设，完善渔业基础设施，在库旁建500m^{2}猪、350m^{2}羊圈和600m^{2}禽舍，利用畜禽粪便养鱼；开垦周围宜农荒山67hm^{2}种植柰李、板栗、黄栀子等，在果树中套种粮食，经济效益成倍增长。

4. 强化开发管理

加强开发工作管理，坚决贯彻《土地法》和《基本农田保护条例》，为搞好宜农荒地开发制定相应的法律和规章制度，各级土地管理部门要严格执行各种规章制度，进一步明确经济主体的责权关系，规范开发者的行为。

（1）建立责任制。建立权、责、利相结合的责任制，建立"谁承包，谁治理，谁开发，谁受益"的激励机制，最大限度地调动农民群众参与开发的积极性。

（2）加强土地开发项目的审查工作。凡开发荒山、荒地、滩涂的，必须向土地管理部门提出申请，经专家进行可行性论证，由县级以上人民政府批准。依法获准开发的单位，必须持土地开发立项的批准文件和项目设计任务书，到项目所在县级土地管理部门办理《土地开发许可证》后方可动工。

（3）做好土地开发的跟踪验收工作。各级土地管理部门要积极配合各级农业综合开发办公室，按照有关规定，认真参与开发项目的验收工作，公开工程质量标准，实行社会监督，对造成或可能造成土地流失、退化、破坏草场等危害生态环境的工程不得通过验收，并限期整治，开展资源开发的跟踪监测，建立田块档案，为开发工作的顺利进行提供依据。

（4）严格管理开发资金。坚持专款专用，严禁挤占挪用，不断提高资金的使用效益，必要时还应该增加财政投入。

（5）要加强开发项目的后续管理工作。对于已建项目，要建立后续管护责任制，保证工程正常运转，发挥长期效益。

（6）合理确定土地使用年限。开发后的土地使用权既可以承包、出租，也可以作价入股或拍卖。根据经营的项目确定使用年限，种植业用地一般 5~10 年，荒地拍卖一般在 50~100 年，防止因时间过长、定价不合理，造成土地收益流失。

第三节 沿海滩涂资源开发

沿海滩涂作为海岸带的重要组成部分，地处海陆交接带并不断演变，是我国重要的后备土地资源。我国沿海滩涂分布十分广泛，根据《全国沿海滩涂资源和农业综合开发规划》一书的资料，北起辽宁鸭绿江口，南至广西北仑河口，4 大海域沿海 11 个省市区（不包括台湾省）共有滩涂 353.87 万 hm^2，其中潮间带面积 207.6 万 hm^2，占滩涂总面积的 58.7%，尚未开发的滩涂面积约为 245 万 hm^2，并且每年淤长的海涂约 2.6 万~3.3 万 hm^2。研究表明，滩涂资源在我国荒山地、荒坡地、荒草地、荒碱地、荒滩地和荒沙丘六大后备土地资源的开发利用中经济最合理、投资最可行，开发潜力巨大。沿海地区是我国经济增长最活跃、工业化和城市化进程最快的地区，工业、城镇等各种非农建设用地和农业用地的扩张是必然的，因此，滩涂开发成为沿海地区一项重要的国土开发事业，是我国经济发展的重要增长点。

一、滩涂开发的价值

滩涂的开发除了可以提供大量的土地资源，而且富含众多的生物资源、港口资源、旅游资源、丰富的盐业、矿产和能源等，可以为工农业的发展提供强大的资源后盾。据初步归纳，我国沿海滩涂目前主要有农作物种植、盐业开发、海水养殖、海岸游览、港口与城镇建设、油气田开发与滨海砂砾石开发等 18 种土地利用方式，涉及 3 大产业的农、林、牧、渔、能源、化工、工矿、旅游、交通等 12 个行业部门。随着滩涂的不断淤长，在合理开发利用的前提下，沿海滩涂的开发潜力是巨大的，概括起来主要可从以下八个方面加以开发利用：

第一，开辟盐田，发展盐化工业。我国目前有盐场 50 多个，盐田总面积33.7万 hm²。2005年海盐产量达3 000万 t，是世界第一产盐大国。

第二，围海造地，增加耕地面积，搞农业综合开发。我国沿海地区人口稠密，耕地稀少的矛盾十分突出。新中国成立以来，辽河口、渤海湾、苏北、杭州湾、珠江口等地进行了大量围垦，总面积达1 000万亩以上，这些地方现在已经成为重要的粮棉生产基地及热带水果生产地。目前，盐生植物的栽培是未来的发展趋势之一，它不仅可以改良盐土，还具有重要的食用和药用价值，盐土农业是持续开发利用沿海滩涂的最好途径之一。

浙江省萧山县新中国成立以来围垦滩涂50万亩，土地面积增长1倍，等于增加了一个县的土地。浙江省内的全国"百强县"，一半以上是海涂围垦大县，广东省珠海市近20年围海造地40万亩，使耕地被大规模建设占用的同时，保持了动态平衡。初步估算，全国海涂开发养活的人口在2 000万人以上。

第三，发展滩涂水产养殖业。目前海洋水产养殖面积已达1亿多亩，主要养殖对象有扇贝、牡蛎、蚶、蛤等贝类及海带等。

近年来渔业资源的衰退使得世代以耕海牧渔为生的渔民生活发生了改变，从传统的捕捞业开始转为滩涂围塘养殖业，如浙江舟山市已有近50%的渔民从事养殖业和运输业。

第四，填筑滩涂，解决沿海城市、交通及工业用地问题。这是改革开放以来，解决沿海城市和经济开发区非农业用地问题的重要途径。

我国的围海造地以上海最典型：上海62%的土地实际是近2000年来由长江泥沙堆积而成的，"上海滩"名副其实。新中国成立以来，上海共圈围滩涂936 km²，使上海的土地面积扩大了14%。建国初上海崇明岛面积只有不足600 km²，经过50多年的围垦，今天的崇明岛面积已经超过了1 200 km²，增加了1倍。

第五，发展观光休闲旅游。海涂是发展海洋旅游业的重要场所，无论是沙质海滩，还是泥质滩涂，都可以发展具有特色的滨海旅游。我国海洋旅游资源非常丰富，18 430km 的海岸线上分布有 1 500 多个滨海旅游景点。旅游项目可以结合滩涂种养进行开发，如观海景、钓海鱼、采海贝、吃海鲜、玩海水、买海货、住海滨。

第六，沿海防护林带建设。1989 年，林业部启动了沿海防护林体系建设工程。10 多年间，沿海地区累计造林 381.8 万 hm^2，新造或更新海岸基干林带 10 000 多公里，使海岸基干林带总长度达到 1.7 万 km^2，沿海防护林体系框架基本形成。"十一五"期间我国将全面加强沿海防护林体系建设。

在上世纪末的 10 年间，我国沿海因风暴潮等自然灾害造成的直接经济损失高达 2 134 亿元人民币。同时，我国沿海 11 省区分布着 70% 以上的大中城市和 5.12 亿人口，2006 年创造的 GDP（国内生产总值）总量高达 13.78 万亿元，占全国的 65.4%。随着经济社会的快速发展和全球气候的变暖，沿海地区自然灾害发生的频率越来越高。全面加强沿海防护林体系建设，增强沿海地区防御自然灾害能力，已经成为当务之急。

第七，湿地动植物种群保护。促进沿海地区生物资源可持续发展是我国环境保护工作的一项重要内容。在"污染防治和生态保护"并重的原则下，大量开展滨海湿地保护与恢复、湿地自然保护区建设方面的工作，保护湿地生物种群，如广东湛江红树林国家级自然保护区。

第八，海水淡化。在滩涂地区进行海水淡化正在世界范围内逐渐成为一个新兴的产业，在中东、美国、日本、意大利等国家，此项技术的发展和应用非常普遍，由于目前海水淡化的成本还很高，我国在这方面还比较落后。

二、沿海滩涂的开发原则

沿海滩涂开发应该坚持科学合理的开发原则，促进沿海地区社会、经济与环境的和谐发展。

1. 科学规划的原则

要合理开发和充分利用滩涂资源，必须进行区域内全面的滩涂资源调查、滩涂资源评价、滩涂资源利用需求市场预测等，建立健全海岸管理机构，科学编制滩涂可持续开发规划，规划内容包括农林牧渔等种植业、养殖业以及相应的加工业、服务业和旅游业等，还包括盐业、盐化工和各种矿产开发。并根据现代化建设的需要，提出交通、港口和能源建设的长远设想。沿海各地都应在国家总体规划的指导下，做出本地沿海滩涂开发利用规划，任何滩涂开发都必须按规划依法有序进行。

2001年浙江省出台了《浙江省滩涂围垦总体规划报告》使得浙江成为国内第一个在滩涂资源开发利用上走上科学化、规范化和法制化轨道的省份，使得浙江省的滩涂资源得到了更好的开发和利用。

2. 可持续发展原则

增强环境保护意识，实施可持续发展战略，采取经济、法律、行政等各种行之有效的措施，合理开发利用、节约和保护滩涂资源，强调经济、社会、环境的协调，注重资源开发、基地建设、生态效益的统一。开发之初，就注意资源开发与节约并重，优化产业结构，讲究综合效益，促进沿海地区社会的全面进步和经济的健康发展。

3. 科技兴滩原则

未来50年的滩涂围垦将以中低滩和浅海造陆为主，与过去的高滩围海相比，围堤标准高、技术复杂，难度大。可以说，未来50年的围海工程，将是科技创新。要实现滩涂开发的可持续发展的战略目标，从根本上说取决于滩涂经济的增长方式由粗放低效式资源利用方式迅速向高效集约式资源利用方式转变，这就必须做到科技与滩涂开发的对接，大幅度提高科技含量，发展滩涂循环经济。

科技与滩涂综合开发对接可以产生经济、生态与社会效益的复合效应。中国科学院海洋研究所"三段法"养殖模式已经在辽宁及毗邻省区推广，取得了较好的经济和社会效益，解决数千人就业；养殖海区赤潮发生显著减弱，海区环境得到有效改善，夏季的大规模死亡现象不再发生，产业发展平稳。

4. **因地制宜原则**

滩涂的合理开发利用是在对原有生态系统和经济系统进行分析的基础上，对滩涂进行恰当的改造，而不是建立一个全新的生态系统和经济系统。宜农则农，宜林则林，宜渔则渔，充分发挥资源优势。例如，浙江萧山市钱塘江滩涂垦区，由于日照充足、热量丰富、降雨较少的气候特点和发达的区域经济，因此比较适合种植经济作物。

5. **市场化运作原则**

滩涂开发坚持走市场化道路，应该实行公司化运作，建立"谁投资、谁开发、谁受益"的经济激励机制和"谁开发、谁受益、谁保护（补偿）"的环境保护机制。开发主体必须是有规模有实力有技术的公司制企业，这样的开发商才有引进高科技的实力，才有可能达到可持续发展的要求。同时合理引导农户个体有序参与开发，避免个人乱开、乱用、破坏滩涂资源环境。

6. **立体开发原则**

沿海滩涂是一个立体地域空间，由陆到海，分别是潮上带、潮间带和潮下带，各种生物存在于不同的空间位置。滩涂开发应该充分考虑到空间高度、水体深度及其相互间的生态链关系，把各种生物合理地配置在一个系统的不同空间，充分利用土地、热量、水分和光能等自然资源，实行潮上带、潮间带、潮下带多层次立体开发。潮上带在一般情况下应该以农业利用为主，种植粮、棉、糖料作物，相应发展林、果、畜牧、水产养殖与制盐业；潮间带的开发利用应该以水产养殖为主，发展贝、虾、鱼类，对部分围垦的潮间带可以根据条件适当发展种植业与制盐业；在负 10m 等深线以内的浅水区应该以鱼、贝、藻类养殖和捕捞增殖为主,发展海珍品生产。

7. 深度开发原则

滩涂的开发应该充分挖掘资源潜力,在发展粮棉鱼虾等常规产品的同时,以市场需求为导向,大力开发适销对路的特种水产品和经济作物,并能实现加工增值,如海洋药物保健品加工、果品饮料加工、贝类罐头制品加工、低值鱼品加工、粮食饮料加工、草粉加工等。通过农工贸一体化,产加销一条龙的方式,延长沿海滩涂的产业链,形成具有滩涂特色的优势产业。

江苏省盐城大丰市在滩涂开发中重视海洋产品的深度加工,拥有全国第一家开发研制龙虾深加工企业,仅龙虾一项年出口创汇就达 5 000 万美元以上,占全省的 50%,占全国的 40%。加入 WTO 之后,进口国对中国出口水产品"门槛"抬高。盐城市各龙虾生产企业及早与国际标准接轨,全面推行 HACCP 质量监控计划,实施作业规范(GMP)和卫生操作规范(SSOP),多次在欧洲龙虾节获最高奖。

三、滩涂开发模式

为了使有限的滩涂资源发挥出最佳的资源效益,滩涂的开发利用模式选择尤其重要。开发要立足于本区域现有的经济技术和资源环境条件,有重点、分阶段、分层次开发,逐步形成依靠养殖业、种植业、盐业、牧业、旅游等产业的多元产业结构,建成高效、持续的滩涂生态经济系统模式。结合目前比较成功的经验,重点选择以下几种开发模式加以介绍。

1. 沿海滩涂立体种养模式

沿海滩涂立体开发模式,是指在地块内部充分利用不同生物生存特性及食物链关系,在陆地上阳性、半阴性、阴性作物搭配,并与畜禽结成密切的食物链联系,在水体中浮游生物、水禽及上、中、下层鱼类与虾、贝类之间相互联系、互促生产,从而实施立体种养、综合利用空间资源的一种生态开发模式。该模式主要包括农田立体开发与水体综合利用两种形式，前一种是国内比较成熟的生态农业模式，主要包括粮—菜型立体种植模式、果—粮型立体种植模式与菜田立体种植模式，后一种具体介绍沿海滩涂地区特有的虾池立体养殖模式。

(1) 粮—菜型立体种植模式。该模式的主层种群是玉米、小麦和棉花，副层种群有马铃薯、蘑菇、木耳、西瓜、萝卜、芸豆、菠菜、菜花、姜、芫荽及药材等。根据种植和收获次数又可分为6作、5作、4作和3作立体种植模式。

(2) 果—粮型立体种植模式。该模式主层种群以果或粮为主，果树品种主要有枣、苹果、桃、梨等，粮食作物主要是小麦、玉米及豆类，另外还有棉花、花生和甘薯等。

(3) 菜田立体种植模式。该模式主要适用于人多地少的郊区或大棚内蔬菜种植，可以充分利用有限的土地资源。

(4) 虾池立体养殖模式。该模式是在防治对虾病害的研究中逐步摸索出来的。根据鱼、虾、贝、藻、参的生长需求和种间食物链特征，选取与对虾生态位互补、食物链关系明显的各类养殖品种，在虾塘内实行以虾为主，鱼、贝、藻、参为辅，多种生物成分相互协调，物质循环利用的多元立体混养。

2. 沿海滩涂梯级开发模式

根据沿海滩涂潮下带、潮间带、潮上带等自然地带资源组合特征以及不同项目的空间位置差异，应用滩涂开发的各项成熟技术，对实施地段分级开发，实现区域农、林、牧、副、渔、工矿、交通、市政和城镇居民点等综合开发，从而形成由海向陆的梯级变化，并且依据食物链与产品链，将各个开发带有机结合起来，各项开发互惠共生，协调发展。该模式的一般作法是：

(1) 在潮下带浅海捕捞海洋动植物与养殖用动物性饵料；

(2) 潮间带栽种红树林等，养殖各种经济贝类和藻类；

(3) 潮上带发展海淡水养殖业、畜牧业、林果业和粮、棉、油等作物种植业及农副产品加工业、纯工业和社会服务业等；

(4) 在各带之间，通过食物链、产品链将各产业有机联系在一起。

目前，沿海滩涂不少地区都采用这种模式，如浙江温岭（水稻、柑橘、对虾、互花米草、贝类分级利用）。

3. 沿海滩涂空间关联开发模式

依据生态学原理，在田块的物质产出之间形成生物食物链或产品链的紧密联系，构成空间上的生态关联或产业关联，使物质能量得到多层次充分利用与转化，从而实现生态系统的良性循环与持续生产。目前比较成熟的开发模式有基塘系统模式与盐田综合利用模式。

（1）基塘系统模式

基塘系统是一种特殊的立体种养体系，是物质能量多层次、多途径利用和转化的一个典型范例。包括桑基鱼塘、蔗基鱼塘、果基鱼塘、草基鱼塘、花基鱼塘和杂基鱼塘等多种类型，适用于沿海滩涂低洼易涝积水地区。

基塘系统形式简单，但系统结构复杂而完善，具体作法是：在沿海滩涂地区有规格地间隔挖塘，塘土垒基，塘中养鱼，基面种植农作物、营建林草、配套饲养畜禽；塘泥肥基，基面植物喂鱼，畜禽粪便肥水肥基，或者投入沼气池，沼液肥水，沼渣肥基；从而形成了以青饲料、沼液和塘泥为纽带的循环生产。

随着基塘系统在沿海滩涂地区的迅速推广，出现了一些近似基塘系统的空间关联生态开发模式，如浙江上虞海涂科技园区的农草鱼复合业、江苏大水面围塘养鱼改土模式、山东东营市河口区的"上农下渔"模式、辽宁省大洼县的畜禽生态养殖模式等，都应用了相似的生态学原理。

（2）盐田综合利用模式

盐田综合利用模式是指在盐田生态学、制盐及盐化工技术指导下，充分利用盐田土地、生物和海水化学资源，实施化工与种植养殖相结合的资源综合开发模式。在不对海盐产量与质量造成

负面影响的前提下,综合利用盐田的具体作法是:

1)在盐田空闲地或堤埂上栽种荫蔽度小、耐盐碱、高温、水分需求低的林果木及农作物,发展盐田种植业;

2)利用盐田水面发展水产养殖业。在低盐区($3.5°\sim9.0°$ Be′,Be′即波美度)进行鱼、虾、贝、藻、参混养或育苗,中盐区($8.5°\sim19.0°$Be′)利用卤水的高含盐量培育卤虫(适于$3.5°\sim23°$Be′)和盐藻,高盐区($18°\sim29°$Be′)繁殖红色嗜盐细菌;

3)盐业与盐化工有机结合,综合利用苦卤化学资源。

盐田发展种养殖业,改造投资少,见效快。有学者测算,在不计原盐产量、质量提高的情况下,仅盐田养殖业产值即可以达到原来单一原盐产值的1.36倍。一旦苦卤综合开发在技术上获得重大突破,开发出高附加值产品,经济效益将会成倍翻升。

综合开发盐田也具有较高的生态效益,该模式充分利用了盐田闲置土地,而在低盐区进行对虾等海水增养殖,对虾残饵及其排泄物给卤水带来丰富的营养盐,导致藻类和其他浮游生物大量繁殖,既可以形成盐池生物垫层,防止卤水渗漏,又能富集、净化卤水中的有机物和重金属离子,提高原盐质量。随着盐度增加,这些浮游生物逐渐死亡,为中盐区的卤虫提供了饵料,同时大量培育出杜氏藻,可以为工业提供原料。在高盐区,嗜盐红色细菌以卤虫残骸为蛋白源大量繁殖,使卤水变红,增加太阳能吸收,提高海水温度,并能分解藻类碎屑等有机物,降低卤水黏度,有利于原盐产量与质量的提高。

四、滩涂开发机制

任何一项经济活动都有一个运行机制问题,机制活,经济则活。就开发滩涂和发展海洋经济来说,主要包括以下三种机制:

1. 开发的管理机制

加强海洋法制建设力度,依法明确海洋、渔业、海事等各主管部门的管理权限,避免管理上的混乱。由于各地实际情况不同,开发的领导和管理体制可能不全相同。但是各地成功与失败的事实告诉我们:就同一个行政区域来说,领导和管理体制应该统一,多头领导和管理不利于统一规划和开发,不利于资源的合理配置和利用,不利于发挥资源的最大效应。

浙江东南沿海滩涂和浅海的开发利用效益较好的重要原因之一,就是他们有一个"政府及其水产部门统一管理,沿海乡镇统一发包和开发,农民股份合作承包经营、依法交纳税费"的好机制。

2. 开发的投入机制

滩涂开发具有很强的公益性、基础性,又是一个投资大、周期长的国土资源开发产业,国家财政应该建立专项资金,银行信贷也应该给予大力支持。同时制定优惠政策,积极鼓励个体、私营企业、股份合作和外商从事海涂开发,坚持"谁开发、谁投入、谁受益"的原则,形成以受益为中心的投入机制,多投入者多受益,尽快建立起多渠道、多层次、多元化的滩涂开发投入机制。

江苏省启东市形成了以"政府引导,多元投资,有偿使用,滚动开发"的滩涂开发投资新体制。对新围滩涂采取低价发包等优惠政策,进行成片发包、租赁、承包或拍卖土地使用权,其收入作为后续资金,实现滚动开发;通过股份制和股份合作制等形式,吸引社会上的闲散资金投入开发;鼓励外省市跨区参与开发。东海镇组建了黄海滩涂开发集团有限公司,自筹资金 350 万元围垦 730 万 hm^2 内塘,堤外滩涂开发养殖面积 1 300 余 hm^2,吸引了全国沿海 5 个省市的 149 位养殖能手和私营业主投入民间资金 5 000 万元承包开发海淡水育苗,繁养 20 余种鱼虾蟹贝类品种,成为长江口中华绒螯蟹天然苗、土池育苗的主产区之一。

3. 开发的经营机制

在滩涂的开发经营中，推行"公退民进"的政策，鼓励个体私营和股份合作企业规模承包开发，搞活经营机制，自主决策、自主经营、自负盈亏，做到有序、有度、有偿、合理，例如浙东南沿海。

(1) 项目业主负责制。核心是将滩涂开发项目工程的所有权和使用权分离。政府拥有项目工程的所有权，通过招标投标等形式，选择具有资质的开发单位即业主，业主拥有项目工程的使用权和经营权并受法律保护，但也要承担相应的义务，即对工程进行管护。

浙江省宁波市象山大目涂围垦开发项目实行业主负责制。宁波市象山大目涂经济开发总公司对项目的建设、经营、管理和还贷全面负责，预算投资由公司包干使用，明确超支不补、节余留用。公司对工程设计、招标、施工、质量以及财务都实行严格管理。投资控制在预算包干额内并有节余，为浙江省东南沿海围垦建设史上罕见。

(2) 股份合作制。是目前大力提倡、应用较广的一种开发经营形式，以股份制形式募集启动资金，组建开发公司，由公司负责具体的开发项目。这种模式能够将国家、集体、个人的利益统一起来，减少开发与管理的矛盾，避免滩涂开发纠纷。

(3) 国有民营模式。即政府组织围垦，围垦土地属政府所有，在经营形式上采取围区统一规划布局，分区块开发。通过公开招商，吸引社会企事业单位及种养能手到围区进行规模经营，即政府出钱"围"，社会力量来"垦"。

1993年以来，浙江省萧山市在新围33万亩土地上实行了这种模式，作为萧山50万亩滩涂垦区现代农业综合开发示范区的一部分，形成种植、养殖、果园三个产业区，共吸收社会资金2 500万元，1996年的产出效益就达上千万元。

第四节 闲散土地的开发利用

闲散土地具有面积小、分布散乱的特点,而且特性各异,开发利用模式也多种多样,需结合实际因地制宜地进行。

一、闲散土地的类型

农村闲散土地主要指田头、地角、房前屋后、村边、路旁、河滩小片荒地、废弃的坑塘场院、工矿废弃地以及自然灾害破坏的土地等。概括起来有以下几类,如表3-1所示。

农村闲散土地的主要类型　　　　表3-1

类型	范围
田头地角	地埂,田埂,水渠、水井两侧空闲地等
房前屋后	农户庭院,庭院外围空地等
村边路旁	村庄规划范围内的闲散地,乡村级公路两侧空地
河滩小片荒地	不同于"四荒"中的大面积荒滩,是分布零散的小面积河滩地
废弃地	废弃的坑塘、鱼虾池、晒谷场、砖场、窑场、采矿场等
灾毁土地	受洪灾、涝灾、塌陷、泥石流、滑坡等自然灾害毁坏的土地

二、闲散土地的利用形式

闲散土地的利用形式多样,而且随着技术的进步和观念的更新,更多的利用方式正在尝试和探索中,选取目前比较典型的庭园经济、地埂经济、土地复垦三种开发利用方式加以介绍。

1. 庭园经济

(1)庭园经济的效益分析

庭园经济,又叫庭院经济,是指以农户房前屋后的院落及周围一定范围内的土地为依托,利用闲暇时间从事种植、养殖、农产品加工等林农牧集约型的生产开发活动。近年来,随着农村商品经济的发展，庭园生产得到了普遍发展。

我国大部分人口分布在农村或小城镇，而且多数农户居住得比较分散，庭院及宅旁空地较多，管理方便、精细，既能增加农民收入，又能使资源和剩余劳动力得到充分利用，还能绿化、美化、净化环境，具有很大的发展潜力。它的作用具体表现在：

1) 增加经济收入。发展庭园经济不与农业争地、争水、争肥，规模不大，男女老幼、早晚空闲时间都能经营，可以充分利用院落占用的土地、闲散劳力和空闲时间，巧用食物链，把绿色植物的生产、家畜（禽）的饲养和微生物的繁殖有机地串联起来，充分利用生产中的各种废弃物，达到物质多层次循环利用，用较少投入获得比较高的效益，增加农户的经济收入。

2) 满足社会需求。庭园经济通过适当改造，能应用新技术尽快生产出各种名、优、特产品，是应用、消化新技术的"试验园"，有利于加快农业科技的转化和满足社会对农产品的需求。一个普通庭园通过 3~5 年的时间就可以改变成为高效的院落生态系统。

3) 美化居住环境。庭园经济既可以获得较高的经济效益，又改变了农村庭园"脏、乱、差"的卫生面貌，美化了生活环境，使经济效益、生态效益和社会效益达到高度统一。

(2) 主要庭园经营模式

1) 庭园种植型

庭园种植型是指在庭园内开展以种植业为主的生产经营形式。它的特点是：带有传统的庭园经济特点；地域适应性广；投资少，收益大。

① 多熟高产模式。在同一块土地上采用间作套种等办法，实现一年多熟。如早中熟葡萄结合、梨桃间作、不同蔬菜套作等。

山东省平阴县一位农民，在庭园中种植蔬菜，一地多种，成熟错落，寸土不闲。春节前卖芹菜、韭菜；开春卖菠菜；麦前卖黄瓜、西红柿；麦后卖茄子、芸豆、豆角；入秋卖菜花、卷心菜等，全年亩收入达6 000多元。

② 立体分布模式。根据不同作物种类的不同生长特性，充分利用生长过程中的"空间差"和"时间差"，形成多物种、多层次的立体结构，提高水、气、温、土的利用率。具体方法是：把直立作物与匍匐作物，深根作物与浅根作物，喜光作物与耐阴作物进行间作套种，实现上、中、下多层次收获。如庭园果树立体种植就是在庭园内先栽种果树，再在果树行间种植药材、农作物等，果树下开展家庭养殖，使不同的生物按照各自的生态习性在时间上、空间上进行优化组合，发挥最佳的经济效益。

③ 花木观赏模式。庭园花木以种植低矮的绿化苗木、园林花卉为主，同时挖掘当地野生树桩资源，经营各种类型的花木盆景。如安徽省黄山市一家农户从20世纪90年代初开始在自家前院1.2亩范围内经营花木盆景，每年收入8 000元以上。

2）庭园养殖型

庭园养殖型是指在庭园内开展以养殖业为主的生产经营形式。其特点是地面空间利用率高，适用于丘陵、平原及城市近郊区。

① 饲料多次利用模式。运用科学的方法，提高饲料转换率，综合开发养殖业。例如，用玉米秸、豆秸、花生蔓、地瓜藤叶等喂牛，牛粪种蘑菇，蘑菇糠送入沼气池产沼气，沼渣肥田，沼液养鱼等。使农、牧、沼、副紧密结合，综合发展。

② 分层养殖模式。对畜禽实行立体养殖，提高物质、能量、养分的有效利用率。如畜舍上层养鸡，鸡粪喂猪，猪粪进沼气池产沼气，沼渣与有机质混合饲养蚯蚓、苍蝇，再用蚯蚓、苍蝇蛆来喂鸡。

3）庭园加工型

庭园加工型是指在庭园内利用自己的一技之长，开展农副产品的深加工来获得收益的庭园经济形式。其特点是加工资源丰富，就地取材；以自家庭园作为加工场地，设施投入相对减少，生产成本低。如竹木加工、水果加工、豆制品加工等，有条件的地区可发展外向型经济，加工出口创汇产品，如草编、条编、刺绣、服装等。

4）庭园综合型

综合型庭园生态农业是利用种植、养殖、加工各业的优势，综合经营，立体开发，使各项之间互补互利，互相促进，物质循环利用，多级转换。这是一种较为先进、科学、高效的庭园生态农业，普遍地存在于广大农户庭园中。

① 生物链生态农业模式。根据生物食物链原理，使植物、动物、微生物在相关的生态系统内，通过食物营养的彼此联系，互补互偿，共同利用，向外界输出更多的物质，提高经济效益。如陕南农户搞"桑→蚕→畜→沼"结构，实行多层次饲养，远远超过了单一饲养的收入。

安徽省黄山市一位农民有庭院面积1.38亩，院内栽柿树，柿树行间种植蔬菜，开展养猪、养鸡等，走养猪赚钱、猪粪肥园、林农结合、综合经营的路子，每年庭院经济收入达1.5万元。

② 种养加一体化模式。在生态农业模式的基础上，开展初级加工或深度加工，如茶、树、花、畜、禽、加工结合，工、牧、渔结合等。

山东一位农民加工豆制品，日产豆渣38kg，年养猪10头，积粪肥5万kg，猪粪下沼气池，满足全年6口人的生活用燃料，每年节省秸秆2 700kg，沼肥用来肥田，地力回升。

5）宅旁闲散土地种植型

农户在宅旁路边闲散的土地上因地制宜地种植板栗、枇杷、桃、李等干鲜果类，麦冬、杜仲、白扁豆、花椒、芍药等药材类，发展意杨、竹、棕榈、菊花等经济树种、作物，见缝插针,既搞活了山区经济,也美化了家园。这种类型在山区较多。

湖北省孝感市自2005年以来,利用村旁、路旁、渠旁、宅旁以及荒滩、荒坡等闲散土地开展"万树村"建设活动,每村栽植速生丰产林1万株以上。该市已建成"万树村"300多个。农户按村组规划植树后,林业部门将及时发放林权证书,并负责树木成长管理、病虫害防治技术指导。

2. 地埂经济

地埂经济是指在农田地埂种植适宜植物,提高农田产量及效益的一种种植形式。农业生产责任制的实行,使耕地大块变小块,田埂、地埂也就相应多起来,据计算,平原地区的地埂占耕地面积的5%左右,梯田区地埂的面积可占到7%~12%,50%以上的地埂可以得到有效利用,但基本上没有得到充分利用。目前我国的地埂经济多是结合水土保护工程进行的,取得了很好的效果,如黑龙江拜泉县胡枝子防冲埂的建设、陕西凤县的地埂花椒树建设、河北的生物埂建设等。

(1) 地埂经济的效益分析

地埂植物的种植不仅可提高农业收入,还具有很高的生态价值。主要表现在:

1) 增加农业收入

有人算过一笔账,全国10亿农民,每人利用田埂多产5kg粮食,全国就增收粮食50亿kg,每公斤2元钱,全国农业经济就增收100亿元。地埂经济收入的增加来源于两部分:一是来源于地埂作物本身的经济价值,以张家口市怀安县的地埂紫穗槐为例,一墩多年生紫穗槐可产枝条3~5kg,折合亩产900~1650kg。目前每年可产紫槐条1000多万kg,收入300多万元,地埂紫穗槐成为全县农村经济的一大支柱产业;二是来源于大田内作物产量的提高,埂上生物增强了土壤抗蚀性和地埂稳定性,增加了土壤水分和养分,能大幅度提高产出量。据黑龙江省拜泉县连续5年对胡枝子防冲埂研究表明：在一般年景下，带胡枝子防冲埂的梯田内的粮豆平均单产比种胡枝子前提高5%，灾年单产可提高10%。

2）有利于水土保持

地埂生物多根系发达，枝繁叶茂，丛冠和枯枝落叶可以有效截留降雨，防止土壤溅蚀，使水流的冲刷能力大大减弱，减少地表径流，保护埂面。据黑龙江省拜泉县的试验资料分析，在一次降雨49.3mm的情况下，4°~5°的坡耕地有胡枝子防冲带比一般垄作时减少地表径流89.1%，减少土壤冲刷量95.7%。全县种植胡枝子的梯田和地埂植物带平均每年可以减少地表径流1 600万m^3，减少土壤冲刷量240万t。

3）改善生态环境

生物地埂形成了绿色"篱笆"，可降低田间风速，减轻大风对于农作物的吹折及表土层的吹蚀，增加农田水分和积雪，改善农田气候。例如，有胡枝子防冲埂带时，田间10m高处的平均风速与未种胡枝子的坡耕地的相应风速相比减少1.1m/s，可免受7~8级大风的危害，冬季积雪量要比未种胡枝子的坡耕地多3~4倍。

(2) 发展地埂经济应遵循的原则

1）提高综合经济效益原则。遵循自然规律，结合市场需求，选择经济价值高的种植品种，合理利用，发展多种农林牧立体种植的集约经营模式，增加农民的收益，改善生活水平。

四川平昌县选择药用价值、观赏价值、经济价值俱佳且别具特色的点缀植物发展地埂经济。主要在地埂上栽种桃李、枇杷等果木林，埂边栽植金银花、黄花、菊花、花椒、药材等经济作物，树下栽瓜菜、黄豆等农作物，形成了四季有花果的立体开发式地埂经济。

2）坚持因地制宜选择的原则。根据具体地埂结构特点，如本地气候、积温、水肥状况、生态特征及当地经验等，选择耐旱、耐寒、根系发达，易于成活，尤其以固埂稳定、经济效益高的品种为好。目前选种比较多的有：乔木型如杏树、枣树、花椒树、海棠、柑桔、杜仲、柿树、桑树、香椿等；灌木型如紫穗槐、柠条、酸枣；藤本型如葡萄、金银花等，多年生草本型如苜蓿、甘草、茇草等。

3）统筹兼顾、全面发展的原则。充分利用水地资源，乔、灌、草结合，对地埂进行系统开发，科学配置，分层次增加绿色植被，近期建设开发与长远利益相结合，经济、生态和社会三效益兼顾。

（3）发展地埂经济的措施

1）**科学规划**

做好地埂开发的综合规划，规划应着眼县、乡农村经济发展，进行科学决策，合理布局，精选种植品种，开展多种经营，改农业单一经营为农、林、牧全面发展集约经营。

2）**政府扶持**

对于综合效益好的地埂经济，政府应给予大力扶持与鼓励，制定相应的优惠政策，如资金补助、技术扶持等，充分调动农民的种植积极性。

河北省鹿泉市为加快"地埂经济"示范工程建设，出台了相应的优惠扶持政策。该市规定，凡是用地埂、地边、地角空间栽植苗木的乡镇、村以及农户，一律可以免费领取林业局提供的花椒、石榴、香椿、核桃、枣树等优质经济苗木。并举办了6期技术培训班，林业局还派出专业技术人员分包重点乡镇，蹲点到村，确保栽一棵、活一棵，提高了"地埂经济"的综合效益。

3）**广泛宣传**

充分利用电视、广播、宣传栏、标语等各种宣传载体，广泛宣传地埂经济的优势，可以着力培养几个典型的带头人，做到以点带面。

3. 土地复垦

按照1988年国务院《土地复垦规定》："土地复垦是指对在生产建设过程中，因挖损、塌陷、压占等造成破坏的土地，采取整治措施，使其恢复到可供利用状态的活动。"

（1）土地复垦的对象

根据定义，土地复垦的对象有以下几种类型：一是各类工矿企业在生产建设过程中挖损、塌陷压占等造成破坏的土地；二是因道路改线、建筑物废止、村庄搬迁以及垃圾压占等而遗弃荒废的土地；三是农村砖瓦窑、水利建设取土等造成的废弃坑、塘、洼地；四是工业污染造成的废弃土地。据有关部门初步统计，目前全国各类生产建设造成的破坏土地已经达2亿多亩，约占国土面积的1.4%，其中农村各类闲散废弃土地1.2亿亩。随着经济的不断发展，我国今后每年因生产建设而破坏的土地预计近百万亩。

（2）土地复垦的重要性

土地被破坏后，造成了土地资源的巨大浪费，影响了社会发展。如山东、江苏、安徽、河南等东部平原地区，是全国重点粮、棉、油主产区之一，同时又是国家的煤炭生产基地。由于煤炭的常年开采，已累计塌陷土地近300万亩，相当于每年减少12亿kg粮食的生产能力。在矿区无地农民已达50多万人，有200多万人人均耕地不足0.1亩。土地破坏后，植被消失，引起水土流失，大量的固体废弃物压占了土地。更严重的是矿区塌陷，矸石山、尾矿坝的塌方、坝体溃决、滑坡、泥石流等冲毁田地、房屋，危及居民生命财产安全。

实践证明，搞好土地复垦是充分利用土地、促进土地持续利用的需要；是增加耕地面积、缓解矿区人地矛盾、促进经济发展的需要。目前，我国土地复垦率不足10%，与国外土地复垦先进国家50%以上的复垦率相比还有较大差距，我国土地复垦任务艰巨，潜力巨大。

（3）土地复垦方式

在"谁复垦、谁受益"的原则下,土地复垦可采取多途径、多渠道。近年来我国复垦经营管理方式主要有如下几种:

1)个人承包经营方式

个人承包经营方式即集体或个人复垦,个体承包经营。这是一种最普遍的方式,具有风险小、成本低、效益高、管理方便和有利于提高承包者积极性等优点。

江苏省铜山县蒋楼村位于徐州矿区,20年来累计塌陷土地$23hm^2$,且常年积水。1987年开始自发复垦,以队为单位集体投资,复垦资金主要是煤矿征地和赔偿费。复垦土地用于水产养殖,由农民个体承包经营。

2)农村集体承包制

农村集体承包制即由集体出资,集体招标复垦,集体经营或招标经营。在复垦经营管理方面,坚持集体所有制不变,坚持集体致富的原则不变。这种模式在我国矿区应用也较为广泛。

江苏省铜山县魏庄村位于徐州矿区国家级复垦示范工程区内。1992年该村对塌陷土地进行了大规模的治理开发,建立了综合养殖场,包括恒温养殖室,中华鳖繁育基地,螃蟹、淡水白鲳、罗氏沼虾等特种养殖基地,还有一座万头猪场以及精养鱼塘。在管理措施中制定了双层经营管理模式,即:"统一投资,统一放养,统一供料,统一起捕,统一销售,统一收支",大大调动了职工的积极性。

3)企业承包制

企业承包制,即由破坏土地的生产企业或其他企业承包复垦,有利于企业发展多种经营、扩大第三产业、解决就业困难,有利于提高复垦质量。

1990年开滦矿务局对该局范各庄煤矿南塌陷区进行了复垦治理。总计复垦土地$80hm^2$,其中$13.4hm^2$作为工业建筑用地,其余的覆土后进行农业、林业试验开发。复垦的组织形式实行

"三结合",即煤矿企业作为复垦的承担单位,负责复垦规划、实施和经营管理;市、区土地管理局牵头,提供优惠政策,负责部门协调;科研单位进行试验研究和技术指导。

4)国有农场式经营方式

国有农场式经营方式即由政府出资复垦,实行适度规模经营。它的优势在于:便于统一规划、统一开发、统一配套;便于运用先进科学技术;同时也有利于政府实行宏观调控。这种模式与现代大农业的要求相适应,是中国现代农业的发展方向之一。例如,徐州通运综合开发公司在徐州矿务局塌陷地上应用此模式开发复垦土地 $866.7hm^2$。

5)股份制复垦经营模式

具体包括:企业或事业单位出资,集体复垦的联合经营方式、个体联合承包复垦经营方式等。股份制复垦经营有利于筹集社会闲散资金,调动各方面的积极能动性。

6)企业租赁经营模式

由龙头企业出资租赁集体或个人的复垦土地实行规模经营,农民可成为农业产业化工人。

四川省浦江县复兴乡推行"进新区、复耕地"的"新农村"建设模式,村民入住新区,整理出的宅基地归为个人承包地,承包地出租给农业龙头企业进行产业化经营,农民领租金。土地整理复耕为李老汉一家无偿"整理"出宅基地4亩多,加上原有6亩耕地,一下子有了10亩多地,与政府重新签订了土地承包合同,又以20年租期与农业产业化公司签订了租赁合同。据租赁合同协议,李老汉全家5人进公司当上了农业产业工人,每月每人收入400多元,加上10亩承包地出租金每亩400元收入,全家纯收入近3万元。

第五节 村庄建设用地整理

村庄建设用地包括农村住宅、公共设施、交通水利设施用地、乡镇企业等。我国村庄建设用地的布局、规模、结构是在封建社会的小农经济环境下形成并逐步发展而来的。改革开放以来，农村居民点面貌发生了很大的变化，但是由于缺乏规划制约，布局仍然分散，农村人均居民点用地面积高于国家规定的 $150m^2$ 的最高用地指标的现象普遍存在，土地浪费严重。这一现象日益引起国家的高度重视，村庄建设用地走"集约化、内涵发展"的道路已经成为必然，适应新农村建设的要求，各地村庄建设用地整理工作正在逐步展开。

一、村庄建设用地存在的问题

当前我国村庄建设用地存在的问题很多，比较普遍而且典型的问题主要表现在以下几方面：

1. 住宅建设散乱，土地浪费严重

农村建房缺乏统一规划、统一设计。许多农民任意扩大房前屋后院墙，占用责任田、自留地随意选址建房，造成村庄布局混乱，面积形状各异，形成了"满天星"式的分布格局；宅基地、空闲地、生活生产辅助用地同其他农用地相互混杂，耕作半径普遍较小，不利于农业的规模化和集约化经营。而且房屋以单层和低层建筑为主，建筑容积率很低，住宅的质量较差。统计数据显示，到2004年底，全国村庄建设用地16.5万 km^2，占全国建设用地总量的52.4%；全国农村人口为7.57亿，农村人均建设用地达 $218m^2$，其中75%为宅基地。

2. 村庄盲目扩张，耕地资源减少

近年来，农村建房热衷于弃旧建新，批划新宅基地，村庄纷纷向外扩张，主要表现在新宅基地沿公路线状延伸，公路通到哪，新房就建到哪。新房建成后，致使老宅基地荒芜，还有一部分外出务工人员已经不在农村居住，但仍然占据宅基地，形成村庄"四周新房林立，内部破破烂烂"的局面，原村庄内部居住人口减少，形成"空心村"。而这些新宅基地占用的多是交通便利、长期耕作、土质肥沃、农业基础设施较完善的耕地，使得本来就稀缺的耕地资源被逐步蚕食。

根据陈晓华等人对部分村庄的实地调查，长年不在村庄居住的人口一般占所在村庄总人口40%以上，留在村中的多为老年人、妇女和儿童，很多房屋除春节期间外平时无人居住，村落分散化和空心化现象非常突出。

3. 基础设施落后，村容村貌亟待改善

目前我国很大一部分农村呈现"新房无新貌，旧房脏乱差"的村貌，公用设施和公共空间缺乏，基础配套设施长期落后，很多村庄缺乏基本的清洁供水、卫生、体育、商业、教育服务设施。道路狭窄不成网，高低不平；供电、通信等设施标准低，道路两侧各种管线林立，杆线零乱；给排水无要求，雨水和生活污水直接排入河道；老区内住宅密度高，临时建筑乱搭、乱建现象严重，影响道路交通安全和住宅室内采光通风；村庄管理缺乏相应的制度和长效管理机制。

二、村庄建设用地整理模式

村庄建设用地整理是一项"功在当代，利在千秋"的民心工程，结合部分地区的成功经验，村庄建设用地整理可以有以下几种模式供参考，在具体实施中，要根据当地实际情况进行合理选择和改进。

1. 多层发展型

这一模式主要针对经济比较发达而且建房农户较多的城市近郊村庄，按照统一规划、统一设计、统一施工、统一标准的原则，建造多层或高层住宅楼，使居住方式逐步由宅院式向住宅楼发展。考虑到农民的经济情况和生活习惯，还应提供多种可供选择的房型；绿化、卫生、环保、供电、供排水、通讯等基础设施应配套建设，注重提高农户的居住质量和生活水平。同时还要注意，新建住宅要集中布局，靠近中心区，充分利用已有的公共基础设施，避免重复建设、分散建设。

2. 规模搬迁型

这一模式适合于经济基础比较好、地势较为平坦的区域。把村庄建设用地整理同小城镇建设相结合，以优势集镇为中心，对较为分散的村庄实行规模搬迁，有步骤地向这些优势集镇靠拢而形成规模。这种模式要注意控制数量，连片发展，最好以优势强企为核心，建成一批规模适中、各具特色的小城镇。

3. 散村集并型

这一模式适合于经济基础一般、地势较为起伏的区域，尤其是丘陵山区。把零星分散的自然村合并为相对集中的中心村，从总体上减少自然村的数量，使零散的局面发生改观。在实际操作中，应该以居民点相对集中、交通相对方便、生活相对富裕的村庄为中心，归并周围布局分散、经济和交通条件差的自然村。

4. 缩村填实型

这一模式主要针对空心村，按照村庄规划的要求，对内部空闲地较多的村庄进行整理，统一调整，加强宅基地流转，充分利用那些富裕后留驻城里的农民在村中留下的空闲住宅，由村里统筹安排给那些需要宅基地的新户和住房条件较差的农户，逐步形成新村，实现缩减村庄占地面积的目的。

三、村庄建设用地整理对策

建设社会主义新农村，必须实现村庄布局优化、环境绿化、卫生洁化、道路硬化的格局。要实现这四个目标，则需要立足实际，因地制宜，在规划设计、资金筹集、节约集约利用土地上下工夫，量力而行，逐步使农村形成布局合理化、规划统一化、民房城镇化的新局面。

1. 规划先行

规划是基础，是龙头。政府及其规划部门要切实把农村建设用地整理规划纳入到土地利用总体规划、城镇总体规划和村庄规划中，坚决做到科学规划、合理布局、体现特色。规划要由有资质的规划设计单位设计，要经村民大会或村民代表大会讨论通过。规划一经确定，就必须严格执行。

（1）规划要因地制宜。在确保耕地总量基本稳定、基本农田面积不减少的情况下，按照"产业集中、用地集约、建房连片"的原则，贯彻生态理念，体现文化内涵，反映区域特色。

（2）规划要科学适用。农民住房要建在交通水电便利、地势相对平坦、没有地质灾害的地方；要集中连片，力求避免"村村点火，户户冒烟"，走集中发展道路。

（3）设计要美观大方。

2. 资金保证

农村建设用地的整理要在资金筹措上下工夫，加大政府投入力度，以农户出资为主，相关单位帮扶、社会援助、信贷支持为辅，走多形式、多渠道资金筹集之路，确保整理工作的顺利进行。如从政府土地出让收益、耕地开垦费、新增建设用地土地有偿使用费等土地收益中单列专项资金，以及其他部门和社会融资等，采用"中央财政＋地方财政＋农户"或"地方财政＋公司＋农户"等运作模式。

3. 政策支持

一是要优化政策环境。简化高密度房的审批程序，提高办事效率，实行"一站式"办公，"一条龙"服务。

二是要建立奖惩机制。对在规划好的集中居住区内建房、改房和买房的农民应实行重奖，对缩减或因迁移到城镇腾出宅基地的农民进行奖励，对多占的宅基地或迁移到城镇没有腾出的宅基地适当收税或收取有偿使用费，少占少收，多占多收，超倍加收。

三是要深化户籍制度改革。打破城乡分割体制，逐步建立市场经济体制下的新型城乡关系，鼓励先富起来的农民进城买房和建房，拓宽富余劳力向非农业和城镇转移的渠道，逐步建立健全小城镇的就业、养老、医疗等社会保障体系。

4. 法规约束

（1）深化土地使用制度改革，规范农民建房行为。积极探索农村集体建设用地使用权流转办法，严禁任何单位和个人非法出让、非法交易，严格控制土地供应量。制定土地征用、地价评估、有偿使用、出让金合理使用和减免等一系列规范政策。

（2）加大对农民宅基地监督管理力度，明确农民宅基标准，积极探索新形势下如何规范农民建房、确保农民住房质量的法律法规。

（3）加大土地法律法规的宣传教育力度，提高农民节约、集约、依法用地意识，杜绝未批先建、先建后批、批东占西、少批多占、非法转让等违法违纪行为。

5. 典型带动

抓好建设用地开发整理的典型，取得试点经验后，逐步推开。

河南省陕县实行政策鼓励和资金奖励的办法，激发全民参与"空心村"治理的积极性。大营镇的黄村、辛店村，张村镇的张一村、陈村，自筹资金100万元组织村民开展村庄治理，净增耕地270余亩。村委把土地承包给个人耕种，建蔬菜大棚、搞养殖，每年为村集体增加经济收入达30万元。陕县抓住这两个典型，在全县推广他们的经验和做法，起到了以点带面的良好效果。

四、"空心村"闲置土地的开发利用

"空心村"整治是农村建设用地整理的重要内容，也是新农村建设的主要任务之一。空心村整治重点在宅基地，目前，对于"空心村"中宅基地的整治还处于探索和尝试阶段，可借鉴的成熟经验还很少。概括起来有以下几种：

第一种，框定村界，存量改造。对于宅基地超标现象不严重、集体经济实力弱的村，根据国土资源部门的核定，划定村界，栽定界桩，禁止界外建房；对村内宅基地使用面积、宅基片数、亩数统一丈量核实，制定宅基地规划，制定村庄住宅建设标准；分片分期调整农户宅基地，坚持一户一宅，所有建房户原则上必须先收回原宅基地，才可批建新房，以"老"换"新"。新建、改建住宅必须符合村庄建设标准，完善村庄配套设施，逐步改善村容村貌。

第二种，收回超占，集体开发。对于宅基地纠纷多的村，由国土部门和集体出面对超占、乱占、废弃宅基地依法有序全部收回，经合并整理后，除少部分作为公共设施用地、宅基预留地外，其他可承包给个人搞种养加工或建立村办企业。

第三种，宅田挂钩，股份开发。对于宅基超标部分要依法收回，短期内实在不能收回的，可适当征收土地使用费或按耕地收取一定的承包费，用来奖励其他不超标农户和进行公共设施建设。对暂不建房的宅基，由户主进行耕种；对一户一宅以外但又不能统一开发的零散宅基，种植股份树，变荒为绿。

第四种，逐步置换，整体搬迁。对于经济基础较好、旧村改造困难的村，可以通过多渠道筹集资金，建设统一规划、统一标准、统一管理的新型住宅小区，空出的旧村由村集体统一开发管理，以复耕还田为主。

截止2005年，河北省曲周县通过盘活"空心村"，全县62个试点村硬化乡村道路180多公里；清理拆除破旧房屋2万多平方米，打通街道42条；3 640户农民居住上了宽敞、明亮的小康住宅，建成了"无烟、无灰、节能、干净"的绿色生态家园。"空心村"的治理累计为曲周县腾出土地2 200多亩，用于高效种养，发展无公害蔬菜1 500多亩；农村房前屋后、街边路旁、村外田间植树130多万株。

需要注意的是,空心村闲置土地整治,是一个长期而复杂的系统工程,必须充分尊重农民的意愿,科学规划,分步实施,把近期建设和长远目标结合起来,防止简单化和"一刀切",因地制宜地促进农村经济和社会的协调发展。

第四章 农村土地资源利用

第一节 土地利用类型

我国在 1984 年发布的《土地利用现状调查技术规程》中规定了《土地利用现状分类及含义》（表 4-1），在 1989 年 9 月发布的《城镇地籍调查规程》中制定了《城镇土地分类及含义》。两个土地分类自发布实施以来，基本上满足了土地管理及社会经济发展的需要，具有较强的科学性和实用性。但是，随着新的《土地管理法》颁布实施，需要按照法律的规定，进一步明确农用地、建设用地和未利用地的范围及与土地分类的衔接。同时，根据近年来市场经济发展和土地使用制度的改革，尤其是土地有偿使用出台及第三产业用地的发展，也要求对原有城市土地分类进行适当调整。

2007 年中华人民共和国质量监督检验检疫总局和中国国家标准化管理委员会联合发布《土地利用现状分类》（表 4-2），标志着我国土地利用现状分类第一次拥有了全国统一的国家标准。《土地利用现状分类》国家标准采用一级、二级两个层次的分类体系，共分 12 个一级类、57 个二级类。其中一级类包括：耕地、园地、林地、草地、商服用地、工矿仓储用地、住宅用地、公共管理与公共服务用地、特殊用地、交通运输用地、水域及水利设施用地、其他土地。

《土地利用现状分类》国家标准确定的土地利用现状分类，严格按照管理需要和分类学的要求，对土地利用现状类型进行归纳和划分。一是区分"类型"和"区域"，按照类型的惟一性进行划分，不依"区域"确定"类型"；二是按照土地用途、经营特点、利用方式和覆盖特征四个主要指标进行分类，一级类主要按土地用途,二级类按经营特点、利用方式和覆盖特征进行续分,所采用的指标具有惟一性;三是体现城乡一体化原则,按照统一的指标,城乡土地同时划分,实现了土地分类的"全覆盖"。本分类系统既能与各部门使用的分类相衔接,又满足当前和今后需要,为土地管理和调控提供基本信息,同时可根据管理和应用需要进行续分。

新颁布的土地利用现状分类与原土地利用现状分类的对照见表 4-3。

全国土地分类(过渡期适用)　　　表 4-1

一级类		二级类		三级类		
编号	三大类名称	编号	名称	编号	名称	含　义
1	农用地					指直接用于农业生产的土地,包括耕地、园地、林地、牧草地及其他农用地
		11	耕地			指种植农作物的土地,包括熟地、新开发复垦整理地、休闲地、轮歇地、草田轮作地;以种植农作物为主,间有零星果树、桑树或其他树木的土地;平均每年能保证收获一季的已垦滩地和海涂。耕地中还包括南方宽<1.0m,北方宽<2.0m的沟、渠、路和田埂
				111	灌溉水田	指有水源保证和灌溉设施,在一般年景能正常灌溉,用于种植水生作物的耕地,包括灌溉的水旱轮作地
				112	望天田	指无灌溉设施,主要依靠天然降雨,用于种植水生作物的耕地,包括无灌溉设施的水旱轮作地

续表

一级类		二级类		三级类		含义
编号	三大类名称	编号	名称	编号	名称	
1	农用地	11	耕地	113	水浇地	指水田、菜地以外,有水源保证和灌溉设施,在一般年景能正常灌溉的耕地
				114	旱地	指无灌溉设施,靠天然降水种植旱作物的耕地,包括没有灌溉设施,仅靠引洪淤灌的耕地
				115	菜地	指常年种植蔬菜为主的耕地,包括大棚用地
		12	园地			指种植以采集果、叶、根茎等为主的多年生木本和草本作物(含其苗圃),覆盖度大于50%或每亩有收益的株数达到合理株数70%的土地
				121	果园	指种植果树的园地
					121k 可调整果园	指由耕地改为果园,但耕作层未被破坏的土地
				122	桑园	指种植桑树的园地
					122k 可调整桑园	指由耕地改为桑园,但耕作层未被破坏的土地
				123	茶园	指种植茶树的园地
					123k 可调整茶园	指由耕地改为茶园,但耕作层未被破坏的土地

续表

一级类			二级类		三级类		含义
编号	三大类名称		编号	名称	编号	名称	
1	农用地		12	园地	124	橡胶园	指种植橡胶树的园地
					124k	可调整橡胶园	指由耕地改为橡胶园,但耕作层未被破坏的土地
					125	其他园地	指种植葡萄、可可、咖啡、油棕、胡椒、花卉、药材等其他多年生作物的园地
					125k	可调整其他园地	指由耕地改为其他园地,但耕作层未被破坏的土地
			13	林地			指生长乔木、竹类、灌木、沿海红树林的土地。不包括居民点绿地,以及铁路、公路、河流、沟渠的护路、护岸林
					131	有林地	指树木郁闭度≥20%的天然、人工林地
					131k	可调整有林地	指由耕地改为有林地,但耕作层未被破坏的土地
					132	灌木林地	指覆盖度≥40%的灌木林地
					133	疏林地	指树木郁闭度≥10%但<20%的疏林地
					134	未成林	指造林成活率不小于合理造林数的41%,尚未郁闭但有成林希望的新造林地(一般指造林后不满3~5年或飞机播种后不满5~7年的造林地)

续表

一级类		二级类		三级类		含义
编号	三大类名称	编号	名称	编号	名称	
1	农用地	13	林地		造林地	
				134k	可调整未成林造林地	指由耕地改为未成林造林地，但耕作层未被破坏的土地
				135	迹地	指森林采伐、火烧后，五年内未更新的土地
				136	苗圃	指固定的林木育苗地
				136k	可调整苗圃	指由耕地改为苗圃，但耕作层未被破坏的土地
		14	牧草地			指生长草本植物为主，用于畜牧业的土地
				141	天然草地	指以天然草本植物为主，未经改良，用于放牧或割草的草地，包括以牧为主的疏林、灌木草地
				142	改良草地	指采用灌溉、排水、施肥、松耙、补植等措施进行改良的草地
				143	人工草地	指人工种植牧草的草地，包括人工培植用于牧业的灌木地
				143k	可调整人工草地	指由耕地改为人工草地，但耕作层未被破坏的土地
		15	其他农用地			指上述耕地、园地、林地、牧草地以外的农用地
				151	畜禽饲养地	指以经营性养殖为目的的畜禽舍及其相应附属设施用地

续表

一级类		二级类		三级类		含 义
编号	三大类名称	编号	名称	编号	名称	
1	农用地	15	其他农用地	152	设施农业用地	指进行工厂化作物栽培或水产养殖的生产设施用地
				153	农村道路	指农村南方宽≥1.0m，北方宽≥2.0m 的村间、田间道路（含机耕道）
				154	坑塘水面	指人工开挖或天然形成的蓄水量<10万 m^3（不含养殖水面）的坑塘常水位以下的面积
				155	养殖水面	指人工开挖或天然形成的专门用于水产养殖的坑塘水面及相应附属设施用地
				155k	可调整养殖水面	指由耕地改为养殖水面，但可复耕的土地
				156	农田水利用地	指农民、农民集体或其他农业企业等自建或联建的农田排灌沟渠及其相应附属设施用地
				157	田坎	主要指耕地中南方宽≥1.0m，北方宽≥2.0m 的梯田田坎
				158	晒谷场等用地	指晒谷场及上述用地中未包含的其他农用地

续表

一级类		二级类		三级类		含 义
编号	三大类名称	编号	名称	编号	名称	
2	建设用地					指建造建筑物、构筑物的土地。包括商业、工矿、仓储、公用设施、公共建筑、住宅、交通、水利设施、特殊用地等
		20	居民点及独立工矿用地	201	城市	指城市居民点
				202	建制镇	指设建制镇的居民点
				203	农村居民点	指镇以下的居民点
				204	独立工矿用地	指居民点以外的各种工矿企业、采石场、砖瓦窑、仓库及其他企事业单位的建设用地,不包括附属于工矿、企事业单位的农副业生产基地
				205	盐田	指以经营盐田为目的,包括盐场及附属设施用地
				206	特殊用地	指居民点以外的国防、名胜古迹、风景旅游、墓地、陵园等用地
		26	交通运输用地			指用于运输通行的地面线路、场站等用地,包括民用机场、港口、码头、地面运输管道和居民点道路及其相应附属设施用地
				261	铁路用地	指铁道线路及场站用地,包括路堤、路堑、道沟及护路林;地铁地上部分及出入口等用地

续表

一级类		二级类		三级类		含 义
编号	三大类名称	编号	名称	编号	名称	
2	建设用地	26	交通运输用地	262	公路用地	指国家和地方公路（含乡镇公路），包括路堤、路堑、道沟、护路林及其他附属设施用地
				263	民用机场	指民用机场及其相应附属设施用地
				264	港口码头用地	指人工修建的客、货运、捕捞船舶停靠的场所及其相应附属建筑物，不包括常水位以下部分
				265	管道运输用地	指运输煤炭、石油和天然气等管道及其相应附属设施地面用地
		27	水利设施用地			指用于水库、水工建筑的土地
				271	水库水面	指人工修建总库容≥10万 m^3，正常蓄水位以下的面积
				272	水工建筑用地	指除农田水利用地以外的人工修建的沟渠（包括渠槽、渠堤、护堤林）、闸、坝、堤路林、水电站、扬水站等常水位岸线以上的水工建筑用地

续表

一级类		二级类		三级类		含义
编号	三大类名称	编号	名称	编号	名称	
3	未利用地					指农用地和建设用地以外的土地
		31	未利用土地			指目前还未利用的土地，包括难利用的土地
				311	荒草地	指树木郁闭度<10%，表层为土质，生长杂草，不包括盐碱地、沼泽地和裸土地
				312	盐碱地	指表层盐碱聚集，只生长天然耐盐植物的土地
				313	沼泽地	指经常积水或渍水，一般生长湿生植物的土地
				314	沙地	指表层为沙覆盖，基本无植被的土地，包括沙漠，不包括水系中的沙滩
				315	裸土地	指表层为土质，基本无植被覆盖的土地
				316	裸岩石砾地	指表层为岩石或石砾，其覆盖面积≥70%的土地
				317	其他未利用土地	指包括高寒荒漠、苔原等尚未利用的土地
		32	其他土地			指未列入农用地、建设用地的其他水域地
				321	河流水面	指天然形成或人工开挖河流常水位岸线以下的土地
				322	湖泊水面	指天然形成的积水区常水位岸线以下的土地

续表

一级类		二级类		三级类		含义
编号	三大类名称	编号	名称	编号	名称	
3	未利用地	32	其他土地	323	苇地	指生长芦苇的土地，包括滩涂上的苇地
				324	滩涂	指沿海大潮高潮位与低潮位之间的潮浸地带；河流、湖泊常水位至洪水位间的滩地；时令湖、河洪水位以下的滩地；水库、坑塘的正常蓄水位与最大洪水位间的滩地。不包括已利用的滩涂
				325	冰川及永久积雪	指表层被冰雪常年覆盖的土地

土地利用现状分类　　　表4-2

一级类		二级类		含义	三大类
类别编码	类别名称	类别编码	类别名称		
01	耕地			指种植农作物的土地，包括熟地、新开发、复垦、整理地，休闲地（轮歇地、轮作地）；以种植农作物（含蔬菜）为主，间有零星果树、桑树或其他树木的土地；平均每年能保证收获一季的已垦滩地和海涂。耕地中还包括南方宽度＜1.0m、北方宽度＜2.0m固定的沟、渠、路和地坎（埂）；临时种植药材、草皮、花卉、苗木等的耕地，以及其他临时改变用途的耕地	农用地

续表

一级类		二级类		含义	三大类
类别编码	类别名称	类别编码	类别名称		
01	耕地	011	水田	指用于种植水稻、莲藕等水生农作物的耕地。包括实行水生、旱生农作物轮种的耕地	农用地
		012	水浇地	指有水源保证和灌溉设施，在一般年景能正常灌溉，种植旱生农作物的耕地。包括种植蔬菜等的非工厂化的大棚用地	
		013	旱地	指无灌溉设施，主要靠天然降水种植旱生家作物的耕地，包括没有灌溉设施，仅靠引洪淤灌的耕地	
02	园地			指种植以采集果、叶、根、茎、枝、汁等为主的集约经营的多年生木本和草本作物，覆盖度大于50%或每亩株数大于合理株数70%的土地。包括用于育苗的土地	
		021	果园	指种植果树的园地	
		022	茶园	指种植茶树的园地	
		023	其他园地	指种植桑树、橡胶、可可、咖啡、油棕、胡椒、药材等其他多年生作物的园地	
03	林地			指生长乔木、竹类、灌木的土地，及沿海生长红树林的土地。包括迹地，不包括居民点内部的绿化林木用地，以及铁路、公路、征地范围内的林木，以及河流、沟渠的护堤林	
		031	有林地	指树木郁闭度≥0.2的乔木林地，包括红树林地和竹林地	
		032	灌木林地	指灌木覆盖度≥40%的林地	
		033	其他林地	包括疏林地（指树木郁闭度≥0.1、<0.2的林地）、未成林地、迹地、苗圃等林地	

续表

一级类		二级类		含 义	三大类
类别编码	类别名称	类别编码	类别名称		
04	草地			指生长草本植物为主的土地	农用地
		041	天然牧草地	指以天然草本植物为主，用于放牧或割草的草地	
		042	人工牧草地	指人工种牧草的草地	
		043	其他草地	指树林郁闭度<0.1，表层为土质，生长草本植物为主，不用于畜牧业的草地	未利用地
05	商服用地			指主要用于商业、服务业的土地	建设用地
		051	批发零售用地	指主要用于商品批发、零售的用地。包括商场、商店、超市、各类批发（零售）市场，加油站等及其附属的小型仓库、车间、工场等的用地	
		052	住宿餐饮用地	指主要用于提供住宿、餐饮服务的用地。包括宾馆、酒店、饭店、旅馆、招待所、度假村、餐厅、酒吧等	
		053	商务金融用地	指企业、服务业等办公用地，以及经营性的办公场所用地。包括写字楼、商业性办公场所、金融活动场所和企业厂区外独立的办公场所等用地	
		054	其他商服用地	指上述用地以外的其他商业、服务业用地。包括洗车场、洗染店、废旧物资回收站、维修网点、照相馆、理发美容店、洗浴场所等用地	
06	工矿仓储用地			指主要用于工业生产、物资存放场所的土地	
		061	工业用地	指工业生产及直接为工业生产服务的附属设施用地	
		062	采矿用地	指采矿、采石、采砂（沙）场，盐田，砖瓦窑等地面生产用地及尾矿堆放地	
		063	仓储用地	指用于物资储备、中转的场所用地	

续表

一级类		二级类		含 义	三大类
类别编码	类别名称	类别编码	类别名称		
07	住宅用地			指主要用于人们生活居住的房基地及其附属设施的土地	建设用地
		071	城镇住宅用地	指城镇用于居住的各类房屋用地及其附属设施用地。包括普通住宅、公寓、别墅等用地	
		072	农村宅基地	指农村用于生活居住的宅基地	
08	公共管理与公共服务用地			指用于机关团体、新闻出版、科教文卫、风景名胜、公共设施等的土地	
		081	机关团体用地	指用于党政机关、社会团体、群众自治组织等的用地	
		082	新闻出版用地	指用于广播电台、电视台、电影厂、报社、杂志社、通讯社、出版社等的用地	
		083	科教用地	指用于各类教育,独立的科研、勘测、设计、技术推广、科普等的用地	
		084	医卫慈善用地	指用于医疗保健、卫生防疫、急救康复、医检药检、福利救助等的用地	
		085	文体娱乐用地	指用于各类文化、体育、娱乐及公共广场等的用地	
		086	公共设施用地	指用于城乡基础设施的用地。包括给排水、供电、供热、供气、邮政、电信、消防、环卫、公用设施维修等用地	
		087	公园与绿地	指城镇、村庄内部的公园、动物园、植物园、街心花园和用于休憩及美化环境的绿化用地	
		088	风景名胜设施用地	指风景名胜(包括名胜古迹、旅游景点、革命遗址等)景点及管理机构的建筑用地。景区内的其他用地按现状归入相应地类	

续表

一级类 类别编码	一级类 类别名称	二级类 类别编码	二级类 类别名称	含义	三大类
09	特殊用地			指用于军事设施、涉外、宗教、监教、殡葬等的土地	建设用地
		091	军事设施用地	指直接用于军事目的的设施用地	
		092	使领馆用地	指用于外国政府及国际组织驻华使领馆、办事处等的用地	
		093	监教场所用地	指用于监狱、看守所、劳改场、劳教所、戒毒所等的建筑用地	
		094	宗教用地	指专门用于宗教活动的庙宇、寺院、道观、教堂等宗教自用地	
		095	殡葬用地	指陵园、墓地、殡葬场所用地	
10	交通运输用地			指用于运输通行的地面线路、场站等的土地。包括民用机场、港口、码头、地面运输管道和各种道路用地	
		101	铁路用地	指用于铁道线路、轻轨、场站的用地。包括设计内的路堤、路堑、道沟、桥梁、林木等用地	
		102	公路用地	指用于国道、省道、县道和乡道的用地。包括设计内的路堤、路堑、道沟、桥梁、汽车停靠站、林木及直接为其服务的附属用地	
		103	街巷用地	指用于城镇、村庄内部公用道路（含立交桥）及行道树的用地。包括公共停车场，汽车客货运输站点及停车场等用地	

续表

一级类		二级类		含义	三大类
类别编码	类别名称	类别编码	类别名称		
10	交通运输用地	104	农村道路	指公路用地以外的南方宽度≥1.0m、北方宽度≥2.0m的村间、田间道路（含机耕道）	农用地
		105	机场用地	指用于民用机场的用地	建设用地
		106	港口码头用地	指用于人工修建的客运、货运、捕捞及工作船舶停靠的场所及其附属建筑物的用地，不包括常水位以下部分	
		107	管道运输用地	指用于运输煤炭、石油、天然气等管道及其相应附属设施的地上部分用地	
11	水域及水利设施用地			指陆地水域、海涂、沟渠、水工建筑物等用地。不包括滞洪区和已垦滩涂中的耕地、园地、林地、居民点、道路等用地	
		111	河流水面	指天然形成或人工开挖河流常水位岸线之间的水面，不包括被堤坝拦截后形成的水库水面	未利用地
		112	湖泊水面	指天然形成的积水区常水位岸线所围成的水面	
		113	水库水面	指人工拦截汇积而成的总库容≥10万 m^3 的水库正常蓄水位岸线所围成的水面	建设用地
		114	坑塘水面	指人工开挖或天然形成的蓄水量<10万 m^3 的坑塘常水位岸线所围成的水面	农用地
		115	沿海滩涂	指沿海大潮高潮位与低潮位之间的潮侵地带。包括海岛的沿海滩涂。不包括已利用的滩涂	建设用地
		116	内陆滩涂	指河流、湖泊常水位至洪水位间的滩地；时令湖、河洪水位以下的滩地；水库、坑塘的正常蓄水位与洪水位间的滩地。包括海岛的内陆滩地。不包括已利用的滩地	

续表

一级类		二级类		含 义	三大类
类别编码	类别名称	类别编码	类别名称		
11	水域及水利设施用地	117	沟渠	指人工修建，南方宽度≥1.0m、北方宽度≥2.0m用于引、排、灌的渠道，包括渠槽、渠堤、取土坑、护堤林	农用地
		118	水工建筑用地	指人工修建的闸、坝、堤路林、水电厂房、扬水站等常水位岸线以上的建筑物用地	建设用地
		119	冰川及永久积雪	指表层被冰雪常年覆盖的土地	未利用地
12	其他土地			指上述地类以外的其他类型的土地	
		121	空闲地	指城镇、村庄、工矿内部尚未利用的土地	建设用地
		122	设施农业用地	指直接用于经营性养殖的畜禽舍、工厂化作物栽培或水产养殖的生产设施用地及其相应附属地，农村宅基地以外的晾晒场等农业设施用地	农用地
		123	田坎	主要指耕地中南方宽度≥1.0m、北方宽度≥2.0m的地坎	
		124	盐碱地	指表层盐碱聚集，生长天然耐盐植物的土地	未利用地
		125	沼泽地	指经常积水或渍水，一般生长沼生、湿生植物的土地	
		126	沙地	指表层为沙覆盖、基本无植被的土地。不包括滩涂中的沙漠	
		127	裸地	指表层为土质，基本无植被覆盖的土地；或表层为岩石、石砾，其覆盖面积≥70%的土地	

113

土地利用现状分类（过渡期适用）与土地利用现状分类对照

表 4-3

《全国土地分类》（过渡期适用）		土地利用现状分类	
代码	地类名称与土地利用现状分类关系	代码	地类名称
111	灌溉水田＝011	011	水田
112	望天田＝013	013	旱地
113	水浇地＝012	012	水浇地
114	旱地＝013	013	旱地
115	菜地＝012	012	水浇地
121	果园＝021	021	果园
122	桑园＝023	023	其他园地
123	茶园＝022	022	茶园
124	橡胶园＝023	023	其他园地
125	其他园地＝023	023	其他园地
131	有林地＝031	031	有林地
132	灌木林地＝032	032	灌木林地
133	疏林地＝033	033	其他林地
134	未成林造林地＝033	033	其他林地
135	迹地＝033	033	其他林地
136	苗圃＝033	033	其他林地
141	天然草地＝041	041	天然牧草地
142	改良草地＝042	042	人工牧草地
143	人工草地＝042	042	人工牧草地
151	畜禽饲养用地指农村居民点、独立工矿用地以外的畜禽饲养用地	122	设施农业用地
152	设施农业用地＝122	122	设施农业用地
153	农村道路＝104	104	农村道路
154	坑塘水面中未养殖坑塘水面＝114	114	坑塘水面
155	养殖水面中养殖坑塘水面＝114	114	坑塘水面

续表

《全国土地分类》（过渡期适用）		土地利用现状分类	
代码	地类名称与土地利用现状分类关系	代码	地类名称
156	农田水利用地=118	118	水工建筑用地
157	田坎=123	123	田坎
158	晒谷场等用地是指农村居民点外的晒谷场等用地	122	设施农业用地
201	城市=071	071	城镇住宅用地
202	建制镇=071	071	城镇住宅用地
203	农村居民点=072	072	农村宅基地
204	独立工矿用地=062	062	采矿用地
205	盐田=062	062	采矿用地
206	特殊用地=087，088	087，088	公园与绿地，风景名胜设施用地
261	铁路用地=101	101	铁路用地
262	公路用地=102	102	公路用地
263	民用机场=105	105	机场用地
264	港口码头用地=106	106	港口码头用地
265	管道运输用地=107	107	管道运输用地
271	水库水面=113	113	水库水面
272	水工建筑用地=118	118	水工建筑用地
311	荒草地=043	043	其他草地
312	盐碱地=124	124	盐碱地
313	沼泽地=125	125	沼泽地
314	沙地=126	126	沙地
315	裸土地=127	127	裸地
316	裸岩石砾地=127	127	裸地
317	其他未利用土地=121	121	空闲地
321	河流水面=111	111	河流水面

续表

《全国土地分类》（过渡期适用）		土地利用现状分类	
代码	地类名称与土地利用现状分类关系	代码	地类名称
322	湖泊水面 = 112	112	湖泊水面
323	苇地 = 125	125	沼泽地
324	滩涂 = 115，116	115，116	沿海滩涂，内陆滩涂
325	冰川及永久积雪 = 119	119	冰川及永久积雪

第二节 土地利用预测

一、土地利用预测含义

土地利用预测，即是各类用地需求量预测。土地需求量预测是指对于一定规划期限内规划地区（或单位）各类用地规模所进行预先测算和估计，以其作为协调土地供需和编制土地用地规划的重要依据。

土地需求量预测包括农业用地和建设用地需求量预测。农业用地需求量预测具体包括耕地、园地、林地、牧草地和水产用地需求量预测；建设用地需求量预测具体包括各类建设用地，如城乡居民点用地、独立工矿用地、交通运输用地、水利工程用地和特殊用地需求量预测。

土地需求量与人口规模、消费水平、经济发展水平、城市化水平和作物产量等多项因素有着密切的联系，因此，在具体进行土地需求量预测之前应对上述相关因素进行预测。

二、如何进行土地利用预测

据不完全统计，世界上至今所采用的预测方法达 150 多种，其中常用的方法有 15~20 种，大致分为 3 类：

1. 定性预测

主要根据预测对象的性质、特点、过去和现状的延续情况等，对土地进行非数量化的分析，然后根据这些分析，对土地利用的未来发展趋势做出预测和判断。定性预测是依靠人们的主观判断来取得预测的结果。在定性预测方法中常用因素分析法。例如，对城镇建设用地发展趋势分析时，就要依据城市人口增长、改善城镇环境的要求，城市职能综合化、城镇人口生活设施水平的提高等因素，参考过去和国外类似因素的变化幅度，在此基础上判断其未来发展趋势。又如，对未来农用地数量预测时，就要考虑未来人口数、农产品远景需求量等因素，在此基础上经多次反复，直至资源量与需要量趋于平衡。

2. 定量预测

主要是通过建立数学模型和应用电子计算机运算，对土地利用进行定量分析；然后根据这种分析，对于未来土地利用的发展趋势做出预测和判断。这种方法不直接依靠人们的主观判断，而主要依靠充分的历史资料，计算出未来土地利用可能出现的结果。因此，定量预测一般比定性预测较为精确。定量预测的方法主要是建立各种数学模型。

3. 综合预测

由于任何一种预测方法既有一定的适用范围，也有一定的局限性。为了克服这些缺点，往往采用多种预测方法进行综合预测。综合预测主要是指两种以上方法的综合运用。这种综合有时是定性方法和定量方法的综合，有时是分别吸取定性预测和定量预测各自的长处，以提高其预测的精度和可靠性。

为了进行土地需求量预测，首先应对人口、城市化水平、消费水平、作物单产等要素加以预测。

三、我国各类用地预测

1. 耕地需求量预测

耕地需求量包括大田作物（粮食作物、经济作物、绿肥和特种作物）用地、人工饲料地、蔬菜地需求量。由于这几类用地测算方法基本一致，在此仅举大田作物用地需求量预测程序为例。

大田作物用地面积。大田作物包括粮食作物、经济作物、绿肥和特种作物等，其用地需求量预测程序如下：

（1）确定各类大田作物的内部需要量（V）

（2）确定各类大田作物的商品率（P）

（3）确定各类大田作物的总产量（W）

$$W = V/(1 - P)$$

（4）确定大田作物加权平均单产（Y_F）

$$Y_F = \sum(Y \cdot F)/100$$

依据当地大田作物种植结构（F），作物的平均先进单产（Y），求得大田作物加权平均单产（Y_F）

（5）确定各类大田作物种植面积（S_1）

$$S_1 = W/Y_F \cdot A$$

式中　A——为复种指数

（6）确定大田作物轮作地净面积（S_2）

$$S_2 = S_1 \cdot N/n$$

式中　S_2——大田作物轮作地净面积（hm^2）；

S_1——大田作物种植面积（hm^2）；

N——大田作物轮作田区总数；

n——大田作物所占田区数。

（7）确定大田作物轮作地毛面积（S_3）。

$$S_3 = S_2(1 + K)$$

式中　K——道路、沟渠、林带面积占大田作物轮作地净面积比重，一般取 $K = 3\% \sim 4\%$。

2. 园地需求量预测

以往的园地需求量预测一般是根据人民生活水平的提高和商品经济的法杖，确定本地区内外市场对园地产品的需求量，在预测规划目标年各类园地单纯水平的基础上，求出这些园地产品的用地需求量之和。园地产品的需求量包括本地区内需求量和向其他地区销售的商品量。园地产品的单产根据树种的生物学特性、树龄、经营管理水平等因素确定。

在区域土地利用规划中，园地需求量预测更应该从宏观战略的层面来进行预测。一般是根据资源情况，在土地适宜性评价的基础上，预测在当前技术经济条件下的适宜发展面积，依据农业专项发展规划，分析预测规划期间内区域农业结构调整趋势，确定林果业发展思路和规划，从而确定规划期间园地发展规模。园地的发展一般不占用耕地。

3. 林业用地需求量预测

对于区域土地利用规划，确定林地需求量更主要的是强调其生态功能和社会功能，即林地量所产生的生态效应是否满足区域的可持续发展的要求。为此，林地需求量可选用以下方法预测：

（1）在有关部门制定的发展规划的基础上，根据生产发展和改善生态环境的要求提出林地的需求量，同时考虑现有土地可能供给面积，经与有关部门协商，确定林地用地规模，并在土地利用现状图上标出用地位置和范围。

（2）根据土地适宜性评价结果，分析可供开发为林地或牧草地的后备资源面积，根据现有的经济、技术条件确定规划期间新开发的面积和用地范围，以此作为林地或牧草地预测的结果。

（3）林地还可根据土地自然条件和森林覆盖率水平的设计要求计算，求得规划期的林地面积。森林覆盖率是一项宏观战略指标，是依据区域生态要求和其他自然经济社会条件确定的。

4. 牧草地需求量的预测

（1）在有关部门制定的发展规划的基础上，根据生产发展和改善生态环境的要求提出牧草地的需求量，同时考虑现有土地的可能供给面积，经与有关部门协商，确定牧草地用地规模。

（2）根据土地适宜性评价结果，分析可供开发为牧草地的后备资源面积，根据现有的经济、技术条件确定规划期间新开发的面积和用地范围，以此作为牧草地预测结果。

第三节　土地利用结构调整

一、如何进行土地利用结构调整

1. 指导思想

应对建设有中国特色社会主义理论和党的基本路线为指导，坚决贯彻"十分珍惜和合理利用每寸土地，切实保护耕地"的基本国策，和"一要吃饭，二要建设，三要保护环境"的方针。根据经济社会发展规划和社会主义市场经济发展的需要，合理调整土地利用结构，综合协调国民经济各部门的用地关系，在空间上合理布局用地，为国民经济和社会发展的持续、高速和健康创造良好的土地条件。

2. 规划原则

(1) 切实保护耕地原则

土地利用具有不可逆性的特点，某种用途一经确定很难改变。因此，规划必须认真贯彻"切实保护耕地"的原则，从宏观上解决过去遗留下来的土地利用不合理问题，防止今后土地资源的滥占和浪费，做到地尽其利，并提出切实可行的对策和途径。

(2) 统筹兼顾原则

规划区域是一个整体，各类用地都是整体的组成部分，各类用地安排必须服从整体并取得最佳整体效益，同时土地利用关系到各行各业的切身利益，规划必须统筹全局，以农业为基础，兼顾各业对土地的需求，使之各得其所。农业生产要求有较好的立地条件，加之宜农土地资源又十分有限，因此质量好的宜农土地要优先保证农业的需要。

(3) 因地制宜原则

由于我国各地自然条件和社会经济条件差异较大，需要解决土地利用问题也不尽相同。规划方案必须从实际出发，在规划内容、编制方法和设计深度上,都要因地制宜,讲究实效,以能解决当地土地利用的实际问题为宜,不搞形式主义,不搞千篇一律。

(4) 三个效益统一原则

土地利用是人们通过一定行动,利用土地性能,满足自身需要的过程,以获得土地利用的综合效益。这种效益不能只顾眼前而不顾长远,不能只顾经济和社会效益而不顾生态效益。对土地掠夺式利用而遭到自然惩罚的事例历史上不胜枚举。所以,规划必须遵循土地利用的客观规律,坚持经济、社会、生态三个效益统一的原则,坚持当前利益服从长远利益,使土地资源得以永续利用。

(5) 公众参与原则

所谓"公众参与"是指同将来执行规划或与规划有关的部门代表广泛交换意见,共同参与规划决策的过程。公众参与可以保证熟悉情况的部门或单位,有机会得以补充和纠正有关资料中的遗漏和错误,有利于有关部门之间的沟通、谅解、有利于规划的实施。

3. 主要依据

(1) 政策法律依据

为了搞好规划方案,必须学习和掌握土地、森林、草原、水、矿产、渔业、环保、城市规划、水土保持、交通运输等方面的政策法律、法规中有关土地管理和土地利用方面的规定,这些规定都是拟定规划方案的重要依据。

(2) 计划规划依据

国民经济与社会发展规划、上级的土地利用总体规划、农业区划、国土规划、农业区域开发规划、城市总体规划和土壤普查,均为拟定总体规划方案的主要依据。

(3) 土地供需依据

通过土地利用需求结构的研究以寻求部门用地的特点和规律,作为拟定规划方案的主要依据。由于目前行业之间对用地分类系统存在问题,导致同一块地重复统计的情况,加之某些部门在预测需求过程中从自身利益考虑较多,因此,预测结果常常带有一定的局限性,导致一个区域内需求的土地总面积大于区域的土地资源总量。

二、土地利用结构调整主要内容

1. 农业用地

广义农业用地包括耕地、林地、草原、渔场等,其中耕地是农业用地最主要组成部分,是生产粮、棉、油、菜等农产品主要基地。农业用地结构是否合理,不仅关系到农产品产量构成,影响农业生产投入产出与经济效益,还关系到农业生态系统平衡是否得到保持和完善,农业资源能否得到合理开发利用。农业用地结构调整主要包括三个层次:

一是调整农业用地与非农业建设用地之间比例与结构。长期以来,我国非农业建设占用农业用地尤其是耕地数量惊人。调整农业与非农业建设用地比例关系,关键是既要尽量满足我国经济建设对土地需求,又要严格控制非农业建设占用土地尤其是耕地的数量,切实保护耕地。

二是农业内部用地结构的调整。农业内部用地数量的确定是建立在对农业生产形势预测与农业内部比较效益分析基础上,根据农业生态系统内物质循环和能量转化的客观规律,有利于建立农林牧副渔各业彼此结合,各地有所侧重的综合农业生产结构。

三是种植业内部用地结构调整,关键是要正确处理粮食作物与经济作物比例关系。

2. 非农业用地

随着我国人口增长、人民生活水平提高和产业结构向第二、三产业占优势比重方向发展,城乡居民点、工业、采矿业、交通、旅游、水利等非农业建设用地将进一步增加,农业用地尤其是耕地将逐渐减少,这是一个必然发展的趋势。但长期以来,我国各项非农业建设没有科学统一的用地标准，用地缺乏严格控制，用地规模急剧膨胀，土地利用率不高，浪费土地现象严重。如江苏省现有乡镇企业用地70万亩，其中有28万亩属于多用面积。全省农村宅基地面积958.36万亩，人均0.246亩，高出合理占地标准近一倍。全省长期废物堆放用地就达4.6万亩。非农业建设用地结构调整一方面要根据产业结构优化要求，与产业发展序列相一致，对重点发展产业生产用地要重点保证；反之，即压缩和限制，另一方面要协调处理好各非农业建设部门之间的用地矛盾。城镇建设用地发展要与地区城市化进程相一致，城市是以非农产业集聚为本质特征，由城市产生的集聚效益以城市土地作为承载场所，集聚效益越高，对周围地区吸引力越大，需要的城市土地越多。城市发展对城市用地要求具多重性；不但工业发展需扩展一定用地，而且旅游业、商业、文化、科技、教育、金融第三产业发展也提出新的用地要求。城市用地规模扩大要考虑城市内部与外部土地潜力，既要看到城区用地紧张需扩大用地一面，又要看到农业用地宝贵，土地潜力有限的一面。对城市建设用地要制定标准、严格控制，不能任其盲目发展。城市内部用地结构要根据功能分区明确的要求合理安排各类用地比例关系，调整不合理用地结构，相对压缩工业用地比重，提高生活、交通、商业服务业及绿化用地比重，使城市生态向良性循环转化。

农村居民点用地调整应从地区农村经济发展的实际出发，考虑土地供给可能性，既要使内部系统结构最优化，又要使村庄与整个农业生态系统发展相适应。既要节约用地，禁止乱占耕地，又要避免不问具体条件，用规定把面积卡得过严过死，影响综合效益的发挥。

独立工矿和乡镇企业用地要根据地区工业化水平和工业结构不同而有所侧重。通常以土地产品（农产品、矿产品）为原料的初级加工工业（粗加工工业：煤炭、钢铁、制糖工业等）占地面积大，精加工工业（食品、机械、化学工业等）占地面积少，工业要注意粗加工工业和精加工工业生产的结合布局，以综合利用土地资源，发挥土地生产优势。乡镇企业应立足于挖掘其内在潜力，尽可能少用地，用劣地，少占或不占耕地。交通运输现在仍是我国经济发展的"瓶颈"产业，交通用地今后必然要大幅度增加，但也应根据各种运输方式的优缺点以及对土地的需求，合理安排，以利于建立各种运输方式相互衔接，协调发展的综合运输网。非农业建设用地资金和技术集约度高，人口承载量大，相应产值和利润也较大，经济利用价值高，为非农业建设提高一定数量的土地是必要的。另一方面非农业建设用地多数由耕地转化而成，对非农业建设占用耕地只能在保证人均拥有最低耕地数量限度内进行。这是因为土地总面积具有固定不变性，任何一种土地类型面积的变动，都会引起整个土地利用结构相应变化，调整用地结构既要看到社会对产品及各种用地的需要数量和程度，又要立足于土地可能提供的空间面积及其提供的生产能力和承载量。

第四节 土地利用分区

一、土地利用分区的含义

1. 土地利用分区的概念

土地利用分区，一般可分为土地利用地域分区和用地分区。在地域分区的基础上进而进行用地分区。根据原国家土地管理局《关于省级土地利用总体规划编制要点》规定：土地利用地域分区和用地分区是土地利用总体规划的重要组成部分。根据国家土地管理局批准的《县级土地利用总体规划编制规程》中规定，县级土地利用总体规划仅作土地利用用地分区。

2. 土地利用地域分区

地域分区是一项内容复杂、技术性很强的工作。地域分区所涉及内容极为广泛，不仅需要综合考虑规划区域的自然条件的分异规律、资源的区域特征、土地利用现状和社会经济发展水平的差异，还要结合社会经济发展规划和土地利用规划结构，进而揭示各地域的特征，指出地域内的土地利用方向、结构与布局，确定用地控制区域以及保护与改造的途径。

地域分区应遵循综合分析与主导因素相结合的原则、土地质量差异原则、土地适宜利用原则和保持行政区划界线完整性原则。在综合自然区划、综合农业区划、土地适宜性和土地自然生产力分区以及土地经济等级分区的基础上综合分析，突出主导因素的相似性，把条件近似的区域单元划入同一地域内。地域的相似性和差异性可借助于一系列指标加以反映。如山东省地域分区时选用土地适宜性结构比、土地利用现状结构比、山丘平原比、气候条件（年均温大于0℃的积温、年降水量、相对湿度）、森林覆盖率、土壤类型、人均产值、耕地产量等。指标对比法与逐步逼近法相结合，定性与定量方法相结合，完成地域分区（地域——亚地域）。最后按地域分区统计各类用地面积并指出今后土地利用的方向和结构。

3. 土地利用用地分区

土地利用用地分区又称土地利用控制分区。用地分区是在土地适宜性特点的基础上，结合国民经济与社会发展以及今后土地利用结构调整的需要划分的用地区域。在土地利用总体规划中采用用地分区与土地利用指标相结合的规划模式，是目前我国编制土地利用总体规划，落实土地利用规划结构、地域分解用地指标的基本方法。

用地分区时应遵循土地利用现状与土地适宜用途一致性原则、土地利用主导用途原则、土地利用地域差异性和相似性原则、尽可能保持行政区界完整性原则等。按土地主要用途在图纸上划分土地利用用地分区，如重点建设项目用地、城乡居民点、基本农田保护区和经济技术开发区。具体可分为农业用地区（再分为耕地区、园业用地区、林业用地区、牧业用地区等）、建设用地区（再分为城镇规划区、村镇规划区、独立工矿用地区、开发区、工业小区等,把建成区和规划区加以区别)和未利用地区。最后按土地利用用地分区分别统计汇总各类用地面积,对规划区域土地利用结构和用地指标进行区域分解,把宏观控制与微观规划具体结合,使总体规划方案落到实处。[14]

二、如何进行土地利用分区

1. 土地利用分区的要求

规划中对土地利用进行类型区的划分是为了对土地利用加以控制和引导,为达到此目的,土地利用分区应遵守如下要求:

(1) 土地利用区域不是纯粹用地性质的区域,是以主导用途为主,同时有限制地允许其他利用形式的综合用地区域。我国的《城市建设用地分类与规划用地标准》中的居住用地是以住宅用地为主。同时包含了居住区内的小学、幼儿园、小型商业、金融、医疗、公安等公共设施用地,绿地和道路用地。在农村土地中,农业用地区域中也包含了道路、沟渠、池塘、零星荒地等,这种以主导用途为主的综合性用地区域是比较符合土地利用实际的。因为现实中并不存在纯粹意义上的农地区、居住用地区、商业用地区或工业用地区等。住宅区内有商业,工厂附近有住宅,商业区中夹有住宅、小工厂以及农地中零星的住宅等是现实中常见的事情,用地类型只能是在一定区域范围内体现主导用途兼容其他用地。如果以纯粹用途分区,规划图上的单元图斑将只能是各田块、各地物及各个建筑物的投影,将会达到破碎零乱无法表示的程度。同时,把土地利用规划的过分具体、确定,只有刚性,失去弹性,也不适应市场经济条件下的土地利用决策机制,使规划控制失去意义。

(2) 土地利用规划中的土地利用分区不宜包括设施规划中的用地内容。各种公用基础设施,如道路、通讯、水利工程、输电、供热、供气等,都是线状的穿插于各用地区域之间形成网络,连接这些网络的站点是点状分布的,形成不了连续的聚集状态。应把设施规划从土地利用规划中剥离出去,土地利用规划专门研究土地的用途、布局、容量、限制条件等，这样更有利于搞好土地利用的规划控制。至于道路从哪里选线，变电站设在哪里，抽水站选址何处等则是设施规划的事，土地利用规划服从于设施规划。如某地区虽规划为农业用地区，但交通规划确定要在此地穿过一条公路或一条渠道时，应顺理成章地允许设计安排，同时也不会影响此地区用地的性质。

（3）土地利用分区要有层次性。利用分区要在同一尺度、同一层次上进行，要有利于规划表现，便于绘图；要简捷明确，易于操作。我国的土地利用规划是在不同的层次上进行的，不同层次的规划地域范围不同，规划控制的内容不同，规划所用比例尺不同，规划分区也应有一定的差异，其分区的深度也应有所不同。如在县级以上的规划中，地域范围较大，所用比例尺较小，图上很小的图斑往往对应于实地很大的面积，因而分区更应综合。而在乡镇级规划中由于比例尺较大，则土地利用分区可确定的较为具体，可以更多地体现出土地利用的"个性"差异。各层次用地分区的深度究竟到什么程度为宜，既要考虑到规划控制的要求，又要便于规划表现，易于操作。

（4）规划分区要突出为土地用途控制服务的需要。我国实施土地用途规划控制制度，在不同的层次上是不完全相同的。一般说来，在区域性的土地利用规划控制中，其核心目的是为了保护农地，防止农地盲目地、无限制地转为非农建设用地，因而土地用途分区应突出建设用地区与农业用地区。而在城市土地利用规划控制中，实行土地用途分区控制的主要目的是为了使土地利用的布局更合理，防止各种用地功能间的相互混杂和相互干扰，所以规划分区中主要是对会产生相互干扰的土地用途进行隔离，在用途类型区的确定上将可能产生不利影响的土地用途区分开来。

2．土地利用分区方法

常用的分区方法有：综合分析法、主导因素法、重叠法和聚类法。

(1) 综合分析法

综合分析法,又称经验法,是一种定性分析法,主要适用于土地利用方式区域差异显著、分区界限易定的情况,要求具体操作人员非常熟悉当地的实际状况。

(2) 主导因素法

因素法是在基层乡镇土地利用方式划分的基础上,适当加以归并,逐步扩大土地利用类型区,再将地域相连的类型区合并成为土地利用用地区域,以主导土地用途作为用地区域名称。

(3) 重叠法

重叠法又称套图法,适用于规划图和区划图齐全的情况。具体操作时将有关图件上规划界线重叠在一起,以确定共同的区界。对于不重叠的部分要具体分析其将来的主导土地用途并据以取舍。

(4) 聚类法

聚类法是一种定量的分区方法,是根据"物以类聚"的道理,对土地利用指标进行分类的一种多元统计分析方法。由于模糊数学和灰色系统理论的引进,常常应用模糊聚类法和灰色多元聚类法。

模糊聚类法是一种多因子综合分析法,其基本思路是应用相似性尺度来衡量事物之间的亲疏程度,据以确定分类关系,在选定分类指标后,模糊聚类可按数据标准化、标定和聚类三步加以实现。

3. 土地利用分区控制的规则

土地利用分区只是按照土地的主导用途所划分的用地区域,每一用途区内除主导用途外还有其他性质的用地,同样用途的土地因其使用程度、使用强度的不同,其土地利用所产生的效果也不相同。因而为有效地对土地利用加以控制,在划分了用途区域后,还必须制定土地使用的规则,对土地使用的具体用途、使用要求、使用强度、限制行为等做出具体的规定,并依据土地使用的控制规则,在各用途区制定土地利用的详细规划,对各类用地进行具体编定。

(1) 城市土地的分区控制规则

对于城市土地来说，在分区的基础上应对土地使用做以下方面的具体控制规定。

1）土地用途的规定。详细规定各用地区支持的土地用途、兼容的土地用途和禁止进入的用途等。如允许工业区支持的土地用途为无污染的工业用地，经核准也可用于居住、仓储等用途，禁止有污染的工业进入。又如允许居住用地，基本用途为居住，但可允许无害的工业、小型商业、行政办公等用途进入。

2）最小地块规模的限制。即山区区域内部街巷、道路、绿带所分割的基本土地使用单元的面积大小。

3）土地利用程度与使用强度的规定与限制。即最小容积率、最大容积率限制，建筑密度限制，建筑物高度限制，人口容量限制，单位面积住宅单元数，单位工业用地产值要求等。

4）环境限制。如空地率、绿化率、污水排放等。

5）安全限制。如防火间距、消防通道等。

6）相邻关系限制。即为排除对相邻地的干扰和不利影响而作出的限制，如邻地斜线、北侧斜线、邻地后退等。

7）道路红线与建筑退后红线。

8）机动车与非机动车停车场地的配套规定等。

9）公共设施用地规定：被规定为公共设施用地者，在规划期内不得自行改建、扩建。

(2) 乡村土地的分区控制规则

对于乡村地域的土地利用来说，在用途分区的基础上可对各用地区的土地使用从以下几个方面加以规定和限制。

1）土地用途的规定。即各用地区支持的土地用途、兼容的用途和禁止的用途的具体规定。如对于基本农业用地区来说，支持的主导用途是耕地，允许有交通、水利工程和文物古迹保护地存在，经过特别许可批准也可用于矿业和军事用地，但禁止用于园地、林地和水产养殖用地，也不能用于建筑、工业、窑业和墓地等。

2) 土地用途变更规定。即对各用地区的土地需要变更土地用途时应遵循的规定限制。如基本农田保护区中耕地不得转为其他用途；一般农业区中的耕地经批准可转为园地和养殖用地；草场地区的草地在不造成水土流失与沙化的前提下，经批准可开垦为耕地或转为林地；山林地区内的地势较平缓的林地在不引起水土流失的情况下可开垦为耕地等。

3) 非主导用途的使用规定。即对各用地区中现状存在的非主导用途的零星地类的使用、处置的规定。如林业用地区的现有耕地应予以保留，未经批准不能随意退耕；农业用地内除直接为农业生产服务的建筑设施外，其他的居住、工业等建筑可继续使用，但不得改建、重建和扩建，需要重建者须迁入乡村建设用地规划区等。

4) 土地使用条件与土地使用标准的规定。如基本农田的地块规模、平整度、土地等级灌排保证程度；乡村建设用地的人均、户均用地标准，基础设施配套标准，村庄的人口规模标准等。

5) 土地利用中的禁止行为。如农业用地区内不得建窑建坟、挖沙、采石、取土、堆放固体废弃物；耕地不得抛荒、闲置、弃耕；林业用地区内不得擅自砍伐、烧山、垦荒；自然保护区与风景名胜区内不得建设与自然保护和人文景观保护、旅游等无关的项目，不得开山炸石、取土、挖沙、修墓、倾倒废物和砍伐树木等。

三、我国土地利用分区

我国土地利用分区控制体系的构建，既要吸取其他国家和地区的成功经验，又必须从我国的实际出发，充分考虑我国土地利用矛盾的特殊性。必须使土地利用分区控制法律化、制度化、规范化，必须以土地利用规划为基础，体现保护农地和严格控制建设用地规模扩张的目标要求，并通过土地用途转用许可制度保证其运行。按照上述要求，借鉴国际经验，并考虑我国的实际情况，土地利用分区控制应主要是在县（市）级土地利用规划、城市土地利用规划和乡镇级土地利用规划中进行，土地用途区域的划分应分层次，一般可分为用途地域和用途分区两个层次。

1. 用途地域的划分

我国县（市）级行政区范围较大，一般面积都在数百甚至数千平方公里。县市级规划比例尺为 1∶25 000～1∶100 000，一般为 1∶50 000。山地规划区域面积大，规划所用比例尺较小，所以分区不可能太细，一般宜划分用途地域。用途地域是以土地利用的基本功能来划分的，是最高层次的用途分区。用途地域的划分主要是突出和控制城镇发展扩张，保护农地和保护自然环境的要求。根据我国实际情况，土地用途地域可划分为 7 种，即：城镇地域、农业地域、山林地域、草场地域、自然景观与生态环境保护地域、后备资源开发地域和保留地域。

（1）城镇地域

指土地利用总体规划和城市规划所确定的城镇及其发展区域。这里所说的城镇及其发展区域应是城市建设用地的规划区域，即在城市用地范围内，针对规划期间城市建设用地的动态变化所确定的控制区域。

（2）农业地域

指已利用或规划将要利用于农耕、园艺、养殖等农业生产与农业设施所使用的地域。从实践来看，我国许多农业地区都是以农为主，多种经营全面发展，在农耕地中间还间杂着些园地、水产养殖地等，这些用地从性质上来说都是为农业服务的，同时在小比例尺图上也很难分开，所以宜划入同一地域。同时，我国广大农村地区的村庄规模较小，分布也较分散，一个县的村庄数量一般很多，如江苏省许多县市的村庄数都在数千甚至上万个，因而在县（市）级规划图上也很难单独划出村庄用地区域，所以其用地也包括在农业地域中。

（3）山林地域

已利用或将要利用于营林的地域。从土地利用特征来看，除北方为防风固沙的造林地外，绝大部分的成片造林地都分布在山丘地区。一般为保持水土，山丘地区坡度在15°~25°以上的土地一般也不适宜于农耕而应用于营林，所以山丘地区的土地一般宜划入山林地域。同时，从许多地区土地利用特点来看，在山丘地区的一些茶园、果园等用地也应划入山林地域为宜。在山丘地区零星分布的规模较小的谷地虽然用于农耕，也宜划入山林地域。最小面积应在25hm²以上。

(4) 草场地域

指自然草场或人工草场等地域。这里的草场地域一般指的是规模较大的、成片的自然适宜放牧的草场或人工营造的牧草地，不包括荒草地。最小面积应在25hm²以上。

(5) 自然景观与生态环境保护地域

指为保护自然景观、水资源、生态环境、风景名胜、文物古迹等所需的地域。包括自然保护区、风景名胜区、国家森林公园、海岸带保护区、文物古迹保护地区及其他具有保护价值的动植物生长地区和特殊的自然与人文景观地区。最小面积应在25hm²以上。

(6) 后备资源开发地域

指尚未开发利用，但规划拟开发利用的地域，包括成片荒山、荒地、滩涂等。最小面积宜在25hm²以上。

(7) 保留地域

指没有决定其用途的地域，一般是近期难以开发利用的荒山、荒地等，如沼泽地、石砾地、沙漠、戈壁等，也包括虽可开发利用，但由于受各种条件与环境限制不拟在规划期内开发利用的土地。最小面积宜在25hm²以上。

2. **城镇地域土地用途分区**

我国的土地利用总体规划和城市（镇）规划的规划期为15~25a（年），一般为20a。为了防止城市（镇）无秩序的扩张，保证城市（镇）有计划分阶段的发展建设，可将城市（镇）

地域进一步划分为两种地区：

(1) 城市（镇）建设用地区，它指的是城市建成区和近期（5~10a）开发建设所需要的区域。

(2) 城市建设控制区，它指的是控制城市开发建设的区域，除城市规划所确定的重要基础设施建设和特殊情况外，一般不允许从事城市开发建设。

在明确了城市建设区和控制区之后，可再进行土地用途的分区，并规定分区内土地的具体使用性质、使用强度、使用限制等。

根据我国城市土地利用的实际情况，借鉴国际经验，可将城镇建设用地划分为居住、工业和商业三种基本用地区和若干个专门用地区。基本用地区是每一个城镇土地利用规划都必须划分的，而专门用地区各城市可根据实际情况选用。

3．乡村地域土地用途分区

对于乡村地域，也可进一步根据土地的主导用途划分土地用途区域，规定各用地区土地的用途，并制定各用地区的使用要求和限制行为等。乡村地域的土地用途分区是在非城市地域实施土地用途控制的重要依据。因此，它在进行用途区的划分时应将土地用途类型确定得较为具体明确，以满足对土地利用实行定性定位控制的要求，但土地用途的分区控制不能代替对土地使用的直接安排与设计，它必须与市场经济体制下的土地利用决策机制相适应，因而在土地用途的确定上应有一定的弹性，为土地利用的市场调节留下空间。土地用途分区应该对应于乡镇级土地利用规划这一层次，应根据这一层次土地利用的特点、规划控制的内容、地域尺度及可操作性来设计乡村地域的土地用途分区体系。据此，笔者认为，适合于我国乡镇级土地利用规划控制的土地用途分区体系如下：

(1) 基本农业用地区（或称基本农田保护区）

指根据《基本农田保护条例》而划定的耕地保护区域。除已批准的城镇建设用地规划范围的耕地和按土地生态要求拟退耕的耕地外，其余耕地均应划入基本农业用地区，尤其是大城市周围的耕地，村镇建设用地周围的耕地以及铁路、公路等交通干线两侧的耕地更应划入基本农业用地区。

（2）一般农业用地区

指基本农业用地区以外的供农业使用的土地，包括未划入基本农业用地区的耕地、果园、桑园、茶园、养殖场用地，以及经规划整理、开发、复垦为上述用途的土地。在一些果品生产基地、水产养殖基地、蚕桑生产基地等，当这些用途的土地成片规模较大时，也可以直接划为园地区、水产养殖用地区等。

（3）乡村建设用地区

指城镇以外，专供农村人口聚居生活与生产的土地区域，包括居民的居住用地、公共设施用地和乡村工业小区用地等，也就是要划定农村集镇、中心村、基层村和工业小区等的用地范围。乡村建设用地区应集中归并，应达到一定的人口聚居规模，有条件的地方应促进人口向集镇和中心村集中，乡村工业用地应集中到集镇的工业小区上去。

（4）独立工矿用地区

指为发展那些因受资源、能源、交通运输等条件的制约，或因会产生污染、干扰等而不宜在城镇、集镇等城乡居民点上建设的工矿企业等而使用的土地区域。如矿产资源开采、建筑材料开采与加工、晒盐场、重化学工业，依赖于水路运输和水资源的能源工业、造船修船工业等。但那些对区位条件没有特殊要求的一般加工工业用地，应结合在城镇与乡村建设用地区中划定。

（5）林业用地区

指为木材生产、采种、繁育和其他林产品的生产所需要的土地，或虽不以取得木材及其他林产品为目的，但为保持水土、保护生态和保护水源等而需要营林的土地区域。一般山丘地区坡度25°以上，适合林木生长的土地，水土流失较严重的土地，水库周围一定范围的土地，风沙地区的城市外围、交通干线两侧等范围的土地均应划为林业用地区。从加强对土地生态环境变化的控制来看，林业用地区也可细分为林业生产用地和林业防护用地区。

（6）草场用地区

包括牧用草场用地区和草场保护用地区。前者是指自然或人工种植牧草用于畜牧生产的草场用地，包括自然放牧草地、割草地、草地和草田轮作田等；后者是指为保护生态环境、防风固沙、防止水土流失等需要在一定时期内限制牧业利用的草场用地。

（7）自然保护区

指为保护珍稀野生动植物资源，自然地貌等所需要的土地区域。已批准且具有明显范围界线的自然保护区按批准的范围划定；已经批准但无明显界线的，会同主管部门按照有关的用地要求划定自然保护区的范围。

（8）历史文物保护区

指为保护历史文化遗产，文物古迹等需要而划定的用地区域。有批准的范围界线的，按批准的界线划定；没有明显的批准界线的，按实际状况划定。

（9）风景名胜区

指供人们观光、游览、休憩等需要使用的土地区域。按照风景名胜的分布范围划定，包括国家森林公园。

（10）水资源保护区

指为保护水体和水生动植物资源而划定的水域及其保护范围的土地区域。

（11）后备资源开发区

指尚未开发利用，但规划拟开发利用的荒山、荒地、滩涂等。

（12）保留地区

暂未确定其用途的、难以利用的荒山、荒地等。

第五章 农村土地资源整治

第一节 土壤侵蚀与水土流失整治

在我国的一部分乡村,土壤侵蚀仍然是危害土地利用及恶化农业生产的环境问题,农地的土壤侵蚀因其危害面积大、直接危及国计民生而成为土壤侵蚀的防治重点。造成土壤侵蚀的自然因素(气候、地形等)很难改变,因而加速土壤侵蚀的主导因素——人为不合理的社会生产活动(生产模式、种植制度等)就成为防治土壤侵蚀的重点工点。长期以来,如何利用耕作措施控制农地土壤侵蚀一直是人们关注的焦点,也有明显的效果。

一、什么是土壤侵蚀和水土流失

1. 土壤侵蚀及水土流失的概念

土壤侵蚀是指陆地表面,在水力、风力、冻融和重力等外营力作用下,土壤、土壤母质和其他地面组成物质被破坏、剥蚀、转运和沉积的全过程。狭义:仅指土壤(本身)在外营力作用下被分离、破坏和移动的过程。广义:指土壤和成土母质在外营力作用下被分离、破坏和移动的过程。

水土流失是指地表土壤及母质、岩石受到水力、风力、重力和冻融等外力的作用,使之受到各种破坏和移动、堆积过程以及水本身的损失现象。这是广义的水土流失。狭义的水土流失是特指水力侵蚀现象。

2. 土壤侵蚀及水土流失产生的原因

(1) 土壤侵蚀产生的原因

土壤侵蚀分为水蚀和风蚀两种。土壤侵蚀的原因有内因和外因两种。内因包括地形和土壤性质。土壤性质分为土壤物理因素和土壤化学因素,其中以土壤物理因素为主。外因指暴雨、大风、植被和人工地面覆盖等。

(2) 水土流失产生的原因

山地面积占国土面积的 2/3,同时黄土的广泛分布,使我国山地丘陵和黄土地区地形起伏连绵。黄土或松散的风化壳在缺乏植被保护情况下极易发生侵蚀。在我国,大范围的季风气候和一年中 6 月~9 月的集中降水,降水量常达年降水量的 60%~80%,且多暴雨,这些易于发生水土流失的地质地貌条件和气候条件是造成我国发生水土流失的主要原因。

我国人口多,粮食、民用燃料需求等压力大,在生产力水平不高的情况下,对土地实行掠夺性开垦,片面强调粮食产量,忽视因地制宜的农林牧综合发展,把只适合林、牧业利用的土地也辟为农田。大量开垦陡坡,以至陡坡越开越贫,越贫越垦,生态系统恶性循环;滥砍滥伐森林,甚至乱挖树根、草坪,树木锐减,使地表裸露,这些都加重了水土流失。另外,某些基本建设不符合水土保持要求,例如,不合理修筑公路、建厂、挖煤、采石等,破坏了植被,使边坡稳定性降低,引起滑坡、塌方、泥石流等更严重的地质灾害。

二、土壤侵蚀和水土流失的现状及危害

1. 土壤侵蚀和水土流失的现状

20 世纪 80 中后期,我国水利部利用遥感技术对全国陆地土壤侵蚀进行了一次普查,结果令人惊心动魄。在 9.6 亿 hm^2 的疆土上,存在轻度以上的种类土壤侵蚀面积竟然达到 4.92 亿 hm^2,其中水蚀面积 1.65 亿 hm^2、风蚀面积 1.9 亿 hm^2、冻融侵蚀面积 0.91 亿 hm^2。10 年来,虽然全国总侵蚀面积减少 0.45 亿 hm^2,但其中减少最多的是冻融侵蚀,约 0.34 亿 hm^2,水蚀减少 0.14 亿 hm^2,而风蚀还增加了 0.03 亿 hm^2。全国土壤侵蚀总的态势是呈现以下方面特点。

中国水土流失状况　　　　　　　表 5-1

普查序号	全国水土流失面积（轻度以上）		水力侵蚀面积（万 hm^2）	风力侵蚀面积（万 hm^2）	冻融侵蚀（万 hm^2）
	万公顷	占国土面积（%）			
第一次	4 920	5 150	1 790	1 880	1 250
第二次	4 468	4 650	1 649	1 907	912

注：第二次资料是来自相关报道摘编。

我国南方和西南地区的水土流失面积和水土流失量都有明显的增加，长江流域 20 世纪 50 年代土壤侵蚀面积 3 620 万 hm^2，占流域面积的 20.2%；而到了 80 年代中期，侵蚀面积增加到 5 620 万 hm^2，占流域面积的 31.1%；上游地区水土流失面积达到 3 520 万 hm^2，水土流失量 15.7 亿 t/a。东北三省及华北土石山区水土流失也有不同程度地增加，尤其东北的黑龙江和吉林两省由于大量的开垦荒地，水土流失面积有明显的增加。海河流域近 20 余年来，全流域累计增加水土流失面积近 60 万 hm^2，占同期新增治理面积的 37%。

部分省区水土流失面积变化情况　　　　表 5-2

省区	50 年代水土流失面积（万 hm^2）	80 年代水土流失面积（万 hm^2）	增减值（万 hm^2）
江西省	100	381	281
湖南省	190	440	250
四川省	950	2 493	1 543
贵州省	354	500	146
广西壮族自治区	213	306	93
山东省	227	370	143
辽宁省	574	656	82

从表5-2的不同时段土壤侵蚀面积比较可看出，至20世纪80年代我国各省的水土流失面积都是在发展。80年代中后期以来，由于各地强化水土流失治理，水土流失增加的趋势基本上得到控制，如江西、湖南、福建和西南各省水土流失都有不同程度的减少，黄土高原水土流失面积既没有增加，也没有减少，至今水土流失面积比例大的总趋势仍未能改变。

2. 土壤侵蚀和水土流失的危害

（1）土壤侵蚀的危害

土壤侵蚀的危害极其严重，直接影响到水、土资源的开发、利用和保护问题，而水土资源是人类生存最基本的条件。

从全球来看，土壤侵蚀和荒漠化对生态系统中的气候因素造成不利影响，破坏生态平衡，引起生物物种的损失并导致政治上的不稳定；从一个国家来看，土壤侵蚀和荒漠化会引起国家经济损失、破坏能源及食物生产、加剧贫困、引起社会的不安定；对一个局部地区来说，土壤侵蚀和荒漠化破坏土地资源及其他自然资源，使土地退化，妨碍经济及社会的发展。由此可以看出土壤侵蚀与荒漠化的危害已不是局部问题，它危及全人类的生存、社会稳定和经济发展。土壤侵蚀的危害具体主要表现在以下几个方面：

1）破坏土地吞食农田

西北黄土区、东北黄土区和南方化岗岩"崩岗"地区土壤侵蚀最为严重。黄土高原的侵蚀沟头一般每年前进$1\sim3m$。宁夏回族自治区固原县在1957~1977年的20年内，平均每年损失土地333多公顷。吉林省白山市的坡耕地已被沟壑吞蚀$4\,800hm^2$，占耕地总面积的15%。黑龙江省的黑土区有大型冲沟14.4万条，已吞蚀耕地9.33万hm^2。辽宁省12个市50年代以来由于土壤侵蚀已损失土地71.2万hm^2。

2）降低土壤肥力，加剧干旱发展

土壤中含有大量氮、磷、钾等各种营养物质，土壤流失也就是肥料的流失。我国东北地区辽宁、吉林、黑龙江三省共有坡耕地 561.47 万 hm^2，因土壤侵蚀每年损失氮 92.4 万 t、磷 39.9 万 t、钾 184.4 万 t。据湖北省有关部门观测分析，坡耕地每年流失土壤约 2.1 亿 t，其中含有机质 273 万 t，氮、磷、等养分 231 万 t。

3）淤积抬高河床，加剧洪涝灾害

土壤侵蚀使大量坡面泥沙被冲蚀、运搬后沉积在下游河道，削弱了河床泄洪能力，加剧了洪水危害。新中国建立以前有记载的 2 000 多年历史中，黄河决口泛滥 1 500 多次，大改道 26 次，每次决口泛滥都造成房舍漂没，田园荒废，人畜死亡。1933 年大洪水中，黄河下游两岸大堤决口 56 处，淹没了河南、河北、山东三省 67 个县，受灾面积 11 万 km^2，灾民 364 万人，死亡 1.8 万多人，直接经济损失折合银币 3.2 亿元。50 年代以来，黄河下游河床平均每年淤高 8~10cm，目前很多地段已高出两岸地面 4~10m，成为地上"悬河"。

4）淤塞水库湖泊，影响开发利用

初步估计全国各地由于土壤侵蚀而损失的各类水库、山塘等库容历年累计在 200 亿 m^3 以上。

（2）水土流失的危害

水土流失对人类的生产和生活的危害主要表现在以下几个方面：

1）破坏土壤肥力。

土壤是人类生存所必需的绿色植物生长的基础。肥沃的土壤，能够不断供应和调节植物正常生长所需要的水分、养分（如腐殖质、氮、磷、钾等）、空气和热量。裸露坡地一经暴雨冲刷，就会使含腐殖质多的表层土壤流失，造成土壤肥力下降。据实验分析，当表层腐殖质含量为 2%~3% 时，如果流失土层 1cm，那么每年每平方公里的地上就要流失腐殖质 200t，同时带走 6~15t 氮、10~15t 磷、200~300t 钾。计算表明，仅仅黄河每年所携带的泥沙中含氮、磷、钾等养分就达数亿吨，其中绝大部分来自黄土高原。

2）加剧沟壑发展。

随着水土流失程度的加深，沟壑发展也日益加剧。在晋、陕、甘等省内，每平方公里一般有支、干沟50条以上；沟道长度可达5~6km，个别地区达10km以上；沟谷约占流域面积的10%，个别可达40%~50%。这样，就使大面积坡耕地支离破碎，耕种不便，以至弃耕荒废。

3）淤积水库、阻塞河道、抬高河床。

由于上游流域水土流失，汇入河道的泥沙量增大，当挟带泥沙的河水流经中、下游河床、水库、河道，流速降低时，泥沙就逐渐沉降淤积，使得水库淤浅而减小容量，河道阻塞而缩短通航里程，严重影响水利工程和航运事业。有些河流还因河床不断抬高而成为"地上河"。这些"地上河"全靠人工筑堤束水，每当洪水季节，容易溃堤泛滥，危害人民的生命财产。

目前，我国荒漠化面积已达226万km²，相当于1/4以上的国土耕地为荒漠化土地，且沙漠化仍有扩大的趋势。西部地区的黄土高原面积约64万km²，而水土流失面积达45万km²，占黄土高原面积的70%（图5-1，图5-2）。大量水土流失使上游的植

图5-1 甘肃白龙江水土流失

图 5-2 黄河水土流失

被处于逆向演替状态,库区内伏旱频率高达 80% ~ 90%。由于泥沙淤积及围湖造田等,已使湖水减少了数万平方公里的湖面。这种消亡在近 50 年,特别是近 20 年还在加速。1949 年长江中下游共有湖泊面积 25 828km^2,至 1977 年仅余 14 074km^2,减少近 50%。长江原有的 22 个较大通江湖泊,因大量不合理的开发建设已损失容积 567 亿 m^3。50 年代初,湖北有 332 个面积在 333km^2 以上的湖泊,现仅剩 125 个,总面积 2 520km^2,不足 50 年代初期的 1/3。由于上述原因,国内第一大淡水湖鄱阳湖面也急剧减少,湖床平均每年增高 3cm。

三、土壤侵蚀和水土流失的治理措施

1. 水土流失治理(水土保持)的进展

建国至 20 世纪 80 年代中期,全国不同类型的土壤侵蚀无论在面积,还是侵蚀强度都有不同程度的增加,但同时水土保持工作的探索,水土流失的治理试点,示范及推广工作也从未间断。自 20 世纪 50 年代开始,各级领导非常关心,尤其是中央政府对水土流失的治理很重视,在重点流失区组织过大规模土壤侵蚀综合科学考察,做过治理规划,无论是黄河流域,还是长江流域都是如此;尤其是黄土高原在 50 年代就设立了三个不同类型区的水土保持科学试验研究站,选择规划了 10 个不同类型的治理区,

前者是科学探索，后者是试验示范，两者都取得了不少成绩。新中国成立以来水土流失累计治理面积达到 6 700 万 hm^2，其中 1978 年以前治理约 3 000 万 hm^2，而以后是 3 700 万 hm^2。80 年代以后治理速度远高于前期，每年治理水土流失面积约 200 万 hm^2，进入 90 年代以来治理的速度又加快，每年达到 300 万 hm^2。1998 年起，全国连续 4 年治理水土流失面积超过 500 万 hm^2/a，各项治理措施初见成效，见表 5-3。建国 50 年来，水土保持有过反反复复的变化，总的还是前进的，尤其是改革开放以来的 20 年，水土保持成绩是明显的。国家先后实施"三北"防护林、长江中上游防护林、沿海防护林、太行山防护林等一系列林业生态工程，还开展黄河、长江等七大流域水土流失综合治理，十多年来全国先后开展治理的小流域 2 万多条，治理面积 5 万 hm^2 以上。全国 17 片水土流失严重地区，在不长的时间里已治理 500 万 hm^2。尤其是最早治理的 8 大片（黄河坝库区和兴国县），经过十多来年的治理，从验收的 890 条小流域看，治理度达到 78.6%，年均治理进度达 6%，比面上高出 5~6 倍。

中国水土保持成效　　　　　　　　表 5-3

项　　　目		治理成效
累计综合	治理面积（万 hm^2）	6 700
其中（万亩）	梯　　　田	1 200
	坝地治沙造田	4 000
	水土保持林	60 000
	经　果　林	6 000
	种　　　草	6 000
	蓄水保土工程	
年增产粮食（亿 kg）		160
年增产果品（亿 kg）		250
累计增加产值（亿元）		700
年减少土壤侵蚀量（亿 t）		11
年增保水能力（亿 m^3）		180

但是我国面上的水土流失治理仍然显得乏力，最为严重的是边治理边破坏，在少数地区甚至破坏大于治理。全国水土流失治理任务仍是任重道远（表5-4）。由表5-4可见，全国七大江河截止到1989年仍有水土流失面积1.61亿hm^2。据有关方面的统计资料，经过几年的治理，目前需要治理的水土流失面积仍有1.48亿hm^2，这就意味着自1990~1999年经过9年的时间，治理面积只有1250万hm^2，平均年治理面积只有140万hm^2，甚至还要少一些。但由于治理的同时新的水土流失还在继续，据估计每年新增水土流失面积约100万hm^2。由此可见，我国的水土流失形势仍然十分严峻，水土保持任务十分繁重，水土流失治理不容乐观，仍需继续加快水土流失治理的步伐。

中国七大江河水土流失概况（万hm^2）　　　表5-4

流域	黄河	长江	海河	淮河	辽松河	珠江	太湖	七大流域
面积	7 903	17 834	3 189	2 668	7 724	4 417	365	44 100
水土流失面积	4 650	6 222	1 193	594	2 816	585	26	16 086
需要治理面积	4 290	5 696	1 081	560	2 666	548	26	14 837

2. 治理的典型经验

20世纪20年代以后由于大面积开荒，土壤结构遭到严重破坏，风蚀、水蚀加重，持续多年的干旱和多次出现的黑风暴使人们开始反思土壤侵蚀和耕作制度的问题。相关专家经过对比研究发现，与传统耕作相比，免耕可大大降低土壤侵蚀。如对于侵蚀区的玉米地，常规耕作的侵蚀量约为19.79t/hm^2，免耕仅为0.55t/hm^2。在控制侵蚀方面，免耕的效果直接与土壤表面的秸秆量有关。如在15%的坡地上，土壤表面0.56t/hm^2的覆盖就可使侵蚀量减少到未覆盖侵蚀量的1/3，覆盖增加到4.5t/hm^2和8.96t/hm^2，侵蚀量则小于5%。

免耕是指在未被犁耕过的土壤上，豁开一条窄缝（槽）、沟或条带直接播种，沟的宽度和深度能保证种子得到覆盖并和土壤接触即可。故在作物生长季或更长一段时间内地表通常被作物残茬等覆盖。它能控制水蚀，减少养分流失，控制径流污染，改善水质，有效阻止风蚀，在我国广大风蚀区、风水两相侵蚀区具有广泛的应用前景。免耕能减少径流，增加土壤水分，秸秆量多时效果尤其明显。免耕还有助于改善土壤物理性质，增加土壤有机质，可作为退化土壤的保护措施之一。

在一些低丘红壤土的开发利用中，通过复合农林业技术达到植树种草、增加地面覆盖率、发展当地经济植物促进畜牧业发展，探索低丘红壤开发利用的新模式，科学合理地开发红壤资源，实现开发中保护。近2年的试验表明：选择适宜的植物种类对于有效地发挥生物措施与复合农林技术的功效是极其重要的，各试验地的植被覆盖度分别是湿地松18%，茶叶23%，柑橘34.6%；覆盖度大小顺序依次为柑橘＞茶叶＞湿地松；低丘红壤开发的第一年土壤侵蚀量一般都超过土壤允许侵蚀量$5t/hm^2 \cdot$年，第二年就减小到$3.5t/hm^2 \cdot a$左右，各类型的土壤平均侵蚀量次序为柑橘＞湿地松＞茶叶（表5-5）；各处理的平均N素流失量为湿地松$1.388kg/hm^2$，茶叶$4.501kg/hm^2$，柑橘$1.824kg/hm^2$；N素流失大小顺序为茶叶＞柑橘＞湿地松。

不同经济林的土壤侵蚀量与养分流失量　　表5-5

处理	土壤类型	降雨量（mm）			侵蚀量（t/hm²）			养分流失量（kg/hm²）		
		2004年	2005年	平均	2004年	2005年	平均	2004年	2005年	平均
湿地松	片石砂土	1 367.7	1 767.6	1 567.6	5.038	3.64	4.339	1.612	1.164	1.388
茶叶	黄泥砂土	1 717.1	2 019	1 868.1	5.002	3.493	4.247	5.302	3.702	4.501
柑桔	红紫砂土	1 344.7	1 744.1	1 544.4	5.181	3.509	4.345	2.176	1.473	1.824

3. 水土流失治理的措施

水土保持措施是依据水土流失产生的原因，水土流失类型、方式和流失过程以及水土保持的目标所设计的防治土壤侵蚀的工程。水土保持措施类型很多，大体上可概括为耕作措施、林草措施和工程措施三大类。

（1）耕作措施

所谓耕作措施是专指坡耕地通过改变耕作方法实行防治水土流失的工程。我国是耕地紧缺的国家，1999年全国耕地面积为1.29亿hm^2，约19亿亩，其中水土流失面积7.3亿亩，>25°的坡耕地，约0.855亿亩。今后除>25°的耕地退耕地还林（草）外，仍还有相当多的坡耕地退不下来，还要继续耕种。坡耕地是水土流失的主要发生区，是泥沙的主要来源区。为了减少水土和养分流失就要采取既利于生产又利于防治水土流失的耕作措施。水土保持耕作措施作用可以分为三类：一是通过改变微地形蓄水保土；二是增加地面粗糙率的耕作措施；三是改良土壤理化性质的耕作措施；三方面的具体措施概括为表5-6。

水土保持耕作措施一览表　　　　表5-6

耕作措施	措施功能	适宜条件	适宜地区
1. 等高耕种	拦蓄功能	<25°的坡耕地	全国
2. 等高带状间作	拦蓄功能	<25°的坡地	全国
3. 等高沟垄作	拦蓄功能	<20°的坡地	黄土高原
4. 蓄水聚肥耕作	拦蓄径流增加抗蚀力	<15°的坡地	西北
5. 水平犁沟	以改变微地形为主	<20°的坡地	全国
6. 划田带状轮作	以增加地面覆盖为主	<25°的坡地	全国土石丘陵
7. 覆盖耕作	增加粗糙率滞缓径流	<15°的坡地	全国缓坡丘地
8. 免耕	增加粗糙率滞缓径流	缓坡地	全国各地

(2) 林草措施

林草措施是林业措施和草业措施的合称。林草措施（如图5-3、图5-4）主要用于因失去林草的荒山荒坡和退耕的陡坡地的水土流失防治。林草措施在有的地区可以同时存在，在有的地区不能同时存在，凡是具备森林生长条件的区域草类都能生长，即在湿润和半湿润区可以同时存在；相反只适宜草类生长的地区，即干旱半干旱地区，不能同时存在。区域林草措施选择应该根据当地自然环境条件和植物的生存条件来决定，最终目的是恢复原来的环境面貌。我国随着人口的增长和适宜耕种土地的衰减，从唐宋以来毁林开荒，毁草垦荒就愈演愈烈，至今全国从南到北有大片的荒山、荒坡地，长江流域约3 000万hm^2，黄土高原有2 100万hm^2。长江流域的3 000万hm^2中原来绝大部分是林地，而黄河流域2 100hm^2中大部分是墓地，小部分林地。从防治水土流失的角度出发，如20世纪50年代黄土高原在林木戴帽原则的指导下，梁峁顶坡上造林，由于土壤水分不适应，大都成了长不大的小老头树。这样的环境只适宜草灌生长，不适宜植树造林，但在长江流域大部分地区就不存在这样的选择。

图5-3　水土保持植物措施

图 5-4 高速公路边坡水土保持防护

(3) 工程措施

工程措施是重要的水土保持措施之一,它涵盖治坡工程和治沟工程,保水保土的基本原理与功能是拦蓄或滞留坡面径流,从而达到减少坡面与沟道的侵蚀产沙的同时也能充分地利用水资源发挥农业生产条件,主要水土保持工程如表 5-7。

水土保持工程措施一览表　　　　表 5-7

工程类型	工程名称	适宜条件	适宜区域
治坡工程	(1) 梯田		
	水平梯田	<15°的坡地	全　国
	坡式梯田	<15°~25°的坡地	全　国
	反坡梯田	<15°	全　国
	隔坡梯田	<25°	半干旱地区
	(2) 截流沟	<15°	南　方
	(3) 鱼鳞坑	<25°	北　方
治沟工程	(1) 沟头防护工程		全　国
	(2) 谷坊工程	集水面积不大	北　方
	(3) 淤地坝	小流域沟道	北　方
	(4) 骨干坝		北　方
	(5) 塘堰		南　方

以上三种类型水土保持措施，都有各自的保水保土功能，相互不能替代，但又不是排斥的。以下是它们之间的真正关系。

其一，是分工与合作的关系；任何一个水土流失区，产生水土流失的地貌部位不外乎坡面与沟谷，从土地看无非是坡耕地、荒坡地或沟道地。全面地制止水土流失就必须在不同的地貌部位，根据不同的土地利用类型，采用不同的措施；如坡耕地最有效的是采取工程措施，修成梯田（图5-5）；但也不是所有坡耕地都要改成梯田，有时只要通过耕作措施就能防治水土流失，如非耕种的荒坡地只要采用林草措施，而不一定是梯田。沟谷的水土流失防治就要能过谷坊、淤地坝和小型水利工程（图5-6）。梯

图5-5 水平梯田

图5-6 水土保持工程措施

田、林草和坝库等三项措施分别拦蓄不同地貌部位、不同土地利用方式产生的水土流失，各自都起到保持水土的作用，相互不能替代，又不排斥。

其二，是相互促进的关系。各项水土保持措施之间有严格分工，但又是相互关联的，这种联系既存在相互制约，又有相互促进作用。黄土高原曾经对这措施褒贬不一，有的认为林草措施起不到保水保土作用；地坝的拦沙是零存整取，梯田的保存率很低等。这些问题出现的关键不是措施本身，而是缺乏措施之间的有机配合；黄土高原1977年7、8月间的垮坝事件，数万座淤地坝冲垮，根本的原因除了坝本身的质量外，关键是孤军作战，负荷太大，也就是缺少坡面上的水土保持措施的配合。如果一个流域有一个完整的水土保持措施体系，在发挥自身作用的同时，还可促使相关措施更持久地发挥最大效益。

（4）管理措施

健全政府管理体系，加强建立水土保持监管体系，制定一批水土保持制度、法制和标准，建立水土保持科技示范园（图5-7）。并广泛宣传贯彻《水土保持法》等法律法规，把预防水土流失、保护水土资源作为生态环境建设的首要任务。要建立县、乡、村三级水土保持执法体系，修改完善针对性、操作性强的方地方配套办法，加大执法力度，对造成水土流失、破坏水土保持设施的当事人依法查处。

图5-7 水土保持科技示范园

第二节 土地沙化整治

人口、土地资源与环境问题是21世纪全世界发展的三大主要议题。而土地沙化是我国特别是西北地区当前最为严重的生态环境问题，不断加剧的沙尘暴与沙化土地的扩张更使生态环境问题雪上加霜，荒漠化蚕食着中华民族的生存空间，给国民经济和社会发展造成了极大危害，成为中华民族的心腹大患。

一、土地沙化的基本概念及其形成原因

1. 基本概念
（1）荒漠化

指在气候变化和人类活动的多种因素作用下，干旱、半干旱和干旱亚湿润区的土地退化。分为风蚀荒漠化、水蚀荒漠化、土壤盐渍化、冻融荒漠化等。

（2）沙漠化

沙漠化是沙质荒漠化的简称，其含义可简单概括为在干旱、半干旱（包括部分半湿润）地区的脆弱生态环境条件下由于人为过渡的活动，破坏了生态平衡，使原非沙漠地区出现了风沙活动为主要特征的类似沙质荒漠环境的退化现象。

（3）风沙化

风沙化是尽指湿润区和部分半湿润区的沙质干河床、海滨沙地等因风力作用产生风沙活动并出现类似沙漠化地区的沙丘起伏地貌景观的过程。

（4）沙化

泛指任何地区的土地沙化。沙化就是地表出现风沙活动，土地生产力下降，土地退化的过程。"土地沙化"是自然和人为因素共同作用的结果，以耕地风蚀作用和草场风蚀作用为主。土地沙化是环境退化的标志。

2. 土地沙化的原因

我国北方降水稀少，植被稀疏，加之全球气候变暖，持续干旱少雨，对土地沙化起到了加剧作用。然而，人口增长对生态环境容量的压力，滥牧、滥采、滥挖、滥垦及水资源的无序利用等人为因素是造成土地沙化扩展的根本原因。

研究表明，气候干燥、地表富含沙化沉积物、植被覆盖率低、大风频发是沙漠形成的重要自然因素。沙化土地的形成主要是由于人类不合理的土地利用，使沙漠边缘流沙蔓延，固定沙丘活化和古沙翻新，以及沙质土地风蚀沙化而形成的。由此可以看出，沙漠是自然的产物，而沙化土地则是在干旱半干旱气候背景下，人为所致。我国风沙灾害加剧的成因主要是：气候干燥多风、生态用水不足和沙化土地面积增大。

不合理的人为"五滥"加剧了土地沙化。

（1）滥垦。由于人口增加和短期利益驱动，我国许多地方在无防护的措施的情况下，无计划、无节制地进行开垦，导致土地沙化。

（2）滥牧。我国沙区草场牲畜超载率为50%～120%，有些地方甚至高达300%，超载放牧使草场大面积退化、沙化。

（3）滥伐。青海柴达木盆地原有固沙植被3 000多万亩，到80年代中期因滥伐造成植被破坏，使1/3以上的土地沙化。

（4）滥采。沙区滥采中药材、搂发菜以及无序采矿工程建设的问题十分突出，使大量植被破坏，直接导致土地沙化。

（5）滥用水资源。我国部分地区还沿用大水漫灌的落后灌溉方式，既浪费水资源，又造成土地盐渍化。

二、土地沙化的危害

中国是世界上受沙化危害最严重的国家之一，也是防治沙漠化最有影响的国家之一。土地沙化使自然资源、土地资源、草原资源、森林资源、水资源和矿产资源被破坏。其中耕地受损，土地利用面积减少，土地生产力下降，承载力降低，比其他自然灾害更为严重。其危害在于它摧毁人类赖以生存的土地，直接威胁着人类社会经济发展的基础和空间，危害的时间可延续几代人甚至不可扭转。现在我国干旱、半干旱地区耕地的，40%严重退化，全国有30%左右的耕地不同程度受水土流失危害。

全国沙化土地主要分布在我国北方广大干旱和半干旱，以及部分半湿润地带。其中，我国北方农牧交错带、草原区、大沙漠的边缘地带是沙化最为严重的地区，风沙活动最为活跃的沙化土地近3 000万 hm^2，这些地区是防沙治沙的重点地区。

不同草原类型的各种强度的沙化草地比率（%） 表5-8

草地类型	沙化和强烈发展沙化	发展沙化	潜在沙化	未沙化
温性草甸草原	1.94	5.45	13.03	79.58
温性典型草原	11.98	11.33	14.95	61.24
温性荒漠草原	38.70	11.84	12.04	37.42
高寒草原	8.11	1.02	23.15	67.22
温性草原化荒漠	49.45	12.66	5.61	32.28
温性荒漠	72.02	3.55	3.72	20.72
高寒草甸	1.33	0.65	4.41	60.92

不同地区各种强度的沙化草地比率（%） 表5-9

地 区	沙化和强烈发展沙化	发展沙化	潜在沙化	未沙化
全 国	32.9	6.0	11.3	49.8
甘 肃	46.9	4.7	8.3	40.0
内蒙古	33.5	7.5	12.2	46.8
青 海	29.7	4.0	10.1	56.2
陕 西	11.4	14.5	28.9	45.2
河 北	5.1	0.3	13.3	81.8
山 西	3.1		14.2	82.7

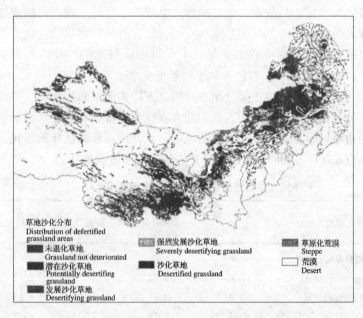

图 5-8 2003 年草原区沙化分布图

注：由于农科院遥感中心 MODIS 接受系统扫描范围有限，该图未含新疆、黑龙江两省（区）

图 5-9 受到沙尘暴侵袭的城市

三、土地沙化的治理措施

土壤沙化的实质就是土壤退化，包括土壤的物理退化、化学退化与生物退化，防治和修复土地沙漠化的关键在于防治土壤退化。我国沙化土地不断扩展、治理速度慢，有气候干旱等自然原因，更有防治工作科技含量不高、科技贡献率低的人为原因。目前，防治土地沙化的主要措施有以下几种。

1. 保护性耕作

保护性耕作是最原始又有效地防止土壤退化的有效技术手段，通过减少对土壤的耕作次数，增加地表秸秆残茬覆盖，来增加土壤有机质含量，改善土壤结构，控制水土流失，减少风蚀、水蚀，缓解沙尘危害。

保护性耕作的试验研究发现，免耕方式比传统耕作技术增加土壤蓄水量10%，减少土壤蒸发约40%，耗水量减少15%，水分利用效率提高10%。还有研究结果表明，采用小麦秸秆全程覆盖耕作技术，可以使自然降水的蓄水率由传统耕作法的25%～35%提高到50%～65%，使土壤储水量增加60～120mm。对秸秆覆盖田间试验的测定结果表明，在全生育期麦田土壤储水量比对照多69.3mm；玉米田拔节初期覆盖处理，土壤储水量比对照多69.3mm。澳大利亚的研究证明，残茬覆盖可减少水土流失90%，减少风蚀70%～80%。

残茬覆盖也可有效地防治风蚀，覆盖处理比无覆盖地表含水量增加15%左右，地表粗糙度显著增加，提高了防治风蚀的能力，其中，覆盖量较大时，相对于无覆盖减少总风蚀60%以上。

2. 退耕还林还草

虽然保护性耕作等农田保护措施在防止和恢复耕地土壤退化方面作用显著，但是对于水土流失严重，沙化、盐碱化、沙漠化严重，而生态地位重要、粮食产量低而不稳的耕地，以及不适于再做农田的耕地，则要通过退耕还林、退耕还草加以恢复，培肥地力。在我国常见的有乔灌草、乔草、灌草、乔灌和乔木 5 种植被层次结构模式，保水效能的差异顺序是乔灌草＞灌草＞乔灌＞乔草＞乔木。显然，乔灌草、灌草和乔灌是退耕还林还草的首选。

在黄土高原，沙棘、刺槐人工林对土壤的培肥效应较好，会对土壤肥力水平会产生大幅度的提高。与无林地相比，5 年生沙棘会使 80cm 土层有机质、全 N、有效 N、有效 K 分别提高 41.1%、60.4%、109.7%、5.8%；5 年生刺槐林会使 80cm 土层有机质、全 N、有效 N、有效 K 分别提高 74.3%、123.6%、285.3%、42.4%。

同时，与裸地相比，牧草能显著增加环境的湿度和减少地表的太阳照射，提高光能利用率。在坡度相同的情况下，中高山区人工草地比农田的水土流失量可减少 74.4%。

3. 围栏封育技术

围栏封育是草场土壤退化主要的修复技术之一。一般情况下，对于生产力没有受到根本破坏的退化草场，采用封地育草，就可以达到恢复草场生产力的目的。

草原围栏在畜牧业发达国家已成为一种经典的、普遍的草地利用的保护措施。在英国、美国、新西兰、阿根廷和澳大利亚等国家，已实现了草地围栏化，而且向着电围栏的方向发展。一般情况下，退化草场生产力没有受到根本破坏时，采用封地育草，就可以达到恢复草场生产力的目的。虽然围栏具有简单，经济，不需要更多耗资，草场的总产量可以得到迅速恢复以及土壤水、养分、有机质等含量也能得到一定程度提高的优点，但是要实现草场质量和生产力的全面恢复，则需要很长时间。原因是单纯的封育措施只是保证了植物的正常生长发育规律免受破坏，而植物的生长发育能力还受到土壤紧实度、肥力高低、水分多少和其他多种因素的限制。

4. 建立防风固沙林草带

沿沙漠或沙地周边建立大型防风固沙林草带（如图 5-10）。治理沙漠化土地，应根据沙化土地的利用类型和沙化原因，采取不同的措施。在沙漠与绿洲之间依法建立大型固沙防护林带。在沙化异常严重地区，由单纯种植防护林转向恢复与再建干旱区绿色草原植被和抗沙化植被。防护林特别是阔叶类树木组成的防护林，其蒸腾量、耗水量都是沙化区地带性草原的若干倍，受水分条件限制，在干旱区不可能大面积造林，切实可行的办法是重建当地旱生草原植被，更好地改善土壤结构。羊柴和沙鞭的根状茎在地下沙层中可形成密织的网络结构，从而改善土壤地表，起到防风固沙的作用。羊柴和沙鞭又是牲畜适口的饲料。我国北方的毛乌素、浑善达克等地，飞播羊柴取得了显著的生态和经济效益。将草制方格覆压在沙漠地带，可有效阻止沙丘移动。在方格中种植牧草，会有较高的成活率。

图5-10　固沙草带

5．预防为主，防治结合，综合治理

预防为主是指全面防止沙漠化的发生和发展，不仅要保护现有天然林、草原等现有植被，还要保护沙区的水面、湿地，制止盲目开发，防止产生新的沙化土地。防治结合应把控制沙化速度、防治沙化发生作为主攻目标。集中使用有限的治沙经费，防止和治理对群众产生直接危害地段，如村庄、城镇、工矿区的四周，沙漠、沙地边缘，农田、河流、水面的周边，公路铁路两侧等，通过植树种草不断扩大治理范围。综合治理不仅要把点上的沙漠化土地治理好，而且要防止大面积土地沙漠化的发生。同时，基于东北西部、华北北部相当一部分沙地及周边草原，自然条件较之西北干旱区要好，对已治理好的沙化土地在降雨量与地下水条件都配合得较好的地区，进行适度的农林果牧等开发，创造可观的经济效益。

6. 健全体系，完善管理制约手段

健全组织领导和管理体系、政策体系、科技支撑和技术推广体系，完善沙化土地监测网络体系，健全执法体系，实现依法治沙，并建设防沙治沙综合示范区，履约及治沙国际合作体系。

第三节 土地盐碱化整治

我国现有农林牧土地面积 68 912 万 hm^2，受盐碱化危害的农林牧土地面积有 3 382 万 hm^2，占农林牧总土地面积的 4.91%，而农林牧各业盐碱化土地面积分别占各业总土地面积的 6.62%、0.84% 和 6.10%。中国科学院南京土壤所估算，中国有潜在盐碱土约 1 733 万 hm^2，即若不合理利用和管理，就会发生盐碱化的土地。

一、什么是土地盐碱化

土地盐碱化是指在特定气候、水文、地质及土壤等自然因素综合作用，以及人为引水灌溉不当引起土壤盐化与碱化的土地质量退化过程。它是由于表土层易溶盐含量过高（一般 0.6%~2% 以上）而造成绝大多数植物难以生长和土地贫瘠的一种环境地质灾害，多分布在气候干旱、半干旱的平原地区。盐碱化土地由于表土层盐分过多，影响植物根系吸收水分，抑制土壤微生物的活动并阻碍土层内部、土层与植物根系之间的养分转化，从而造成土壤板结、肥力下降、植物死亡，影响农业生产，恶化农业生态系统及人类生活环境，对土地资源构成严重威胁，也直接影响这些地区的经济发展。

二、土地盐碱化的形成

我国地处干旱、半干旱和半湿润区的大部分地区都有发生土壤盐碱化的自然先决条件。造成土地盐碱化的技术和社会经济因素纷繁复杂，其根源就是人类不合理的利用。这些不合理的利用行为直接表现为不科学的技术措施，而不科学技术的使用进一步涉及不完善的管理体系以及宏观政策的失误等。

引起土地盐碱化的因素很多，究其成因，气候因素（表5-10）（如温湿度、降水量、蒸发量等）和人为因素（如工程或管理措施失效、过度开发利用等）是这些灾害形成和发展的主要外因，而区域地理、地质及水文地质条件（如地形地貌、地层结构和表层岩性、地下水的储存和循环条件及其水化学条件等）则是这些灾害形成和发展的主要内因。

土壤积盐强度与气候的关系　　　　表5-10

地区	蒸降比	地下水矿化度(g/l)	积盐层厚度(cm)	积盐层含盐量(g/kg)	心底土层含盐量(g/kg)	盐结皮或结壳厚度(cm)	盐土分布状况
黄淮海平原（半湿润、半干旱）	2~4	1~2	1~3	10~30	0.1~0.2	0.1~0.2	斑状
汾渭河谷平原（半干旱、干旱）	3~5	1~2~5	3~10	30~100	0.1~0.5	0.1~0.5	斑状
河套和银川平原（半漠境）	8~14	5~10~25	5~20	10~100~300	0.2~2	1~3	连片
塔里木和柴达木盆地（漠境）	6~15	5~10~30	10~50	100~300~600	1~10	5~15	连片

1. 地下水

在干旱、半干旱的气候条件下,地下水径流不良,潜水埋藏又较浅的地区,极易产生土壤盐碱化。在这些地区灌溉,特别是不合理的灌溉时,会使潜水位迅速抬高致临界深度,甚至接近地面。由于地下水和土壤水分不断蒸发,土壤盐分剧增而产生次生盐碱化或使原生盐碱地的程度加重。因此地下水是土壤发生盐碱化的决定条件。

旱、涝、碱三害往往同时存在,是有其内部联系的。在干旱时节,特别是春旱,地下水位较高、径流条件差的情况下,含盐地下水强烈蒸发,形成盐碱地。而夏秋季节雨水集中,发生涝灾,使水位抬高,又给盐碱化创造了条件。

2. 技术因素

技术因素对土地盐碱化的影响主要是在灌区的土地次生盐碱化的形成与发展方面,大致有以下几个方面:

(1) 在大型水库和引河灌区建设过程中,没有从经济、生态和社会三方面对其进行综合评价,尤其缺乏环境影响评价。

(2) 灌、排渠系不健全、不配套,不能满足灌区合理灌溉,及时排涝防洪和降低地下水的要求。

(3) 渠系设计强调自流灌,渠系设计水位偏高,渠道渗漏,加上工程不配套,灌水技术水平低,土地不平整,大水漫灌,田间灌溉渗失水量也大,渠系有效利用系数低。单位流量控制面积太大,干渠每年输水时间过长,地下水缺少回降时间,长期处于高水位,加速了表土盐分的积累。

(4) 大量引用咸水灌溉的结果。由于北方地区普遍干旱缺水,因此,引用咸水灌溉的面积在迅速发展。但长期引用咸水灌溉即潜伏着土壤次生盐碱化的危险。

3. 管理因素

只要有不良的管理,就会有不科学的技术产生与应用。不完善的管理主要表现在:

（1）中国土地资源的调查工作基本上都是 80 年代中期完成的，在盐碱地的分布与资源数量上，几次调查数据不符，差异很大，全国的土地盐碱化监测预报体系尚未建立。

（2）有些灌区开灌后，对灌溉管理没有予以足够的重视。

（3）尽管国家有"水法"、"土地法"、"环境保护法"，但是没有很好地宣传和贯彻到基层。对水资源和土地资源的开发程度，计划调配，水费标准和征收办法，节约和浪费水的奖惩办法等没有明确的规定，这是灌区上下游互相争水，上游灌溉过量，抬高地下水位，引起土壤次生盐碱化的原因之一。

（4）土地盐碱化防治和改良涉及很多农业部门。由于部门、集团和个人的利益不协调及不完善的运行机制，造成一些灌溉工程不配套，改良技术单一性和片面性，不能有效发挥各项技术的组装配套和综合整体效益。

4．其他社会因素

（1）人口压力、经济落后和贫困：在人口增长的压力下，滥用资源的现象普遍存在；由于经济落后，缺乏投资建设排水设施，不仅使灌区土地发生次生盐碱化，还使远离灌区的草地和非潜在的盐碱化土地发生盐碱化，最终导致土地荒漠化。

（2）观念：尽管政府在过去 40 多年对盐碱地治理非常重视，但是广大盐碱区的各级领导对盐碱化土地的危害、保护土地质量与防治土地盐碱化的重要性与迫切性认识不足，没有从根本上树立领导广大农民改良盐碱地和改变贫困的决心和信心。

三、土地盐碱化的治理措施

我国土壤盐碱化尤其是次生盐碱化问题也有日益加重的趋势，应当采取相应的措施加以改良和保护。

1．农艺措施

（1）植树种草，发展耐盐性的林草业

植树种草可以降低地下水位，是改良盐碱地的重要措施。凡是荒漠化和盐碱化严重的地区，都是由于乱砍滥伐、草场过牧等破坏了生态环境引起的。耐盐碱的树种有沙枣、紫穗槐、苦楝、柳树、枸杞等；耐盐碱的草种有草木樨、田菁、小冠花、红狐茅、碱茅等。通过植树种草，可以改良盐碱地，发展耐盐性的经济林或牧草产业，保护生态环境，促进其良性循环，获取一举三得的效果。

（2）压沙治盐，改良土壤结构

我国北方地区有采用以沙压碱的方法，在播种前铺沙 5cm 左右，压碱保苗。埃及在其滨海滩盐土地上采用先铺 0.5m 厚的沙子，再铺 0.1~0.15m 厚的有机肥，然后再铺 0.5m 厚的沙子；上面种植适于当地生长的番石榴和椰枣树，在树行之间开沟引附近的湖水灌溉，改良效果较好。

（3）引洪漫淤，压盐培肥

引洪漫淤可以达到既压盐又培肥地力的目的。每亩如果能落淤厚 10cm，就可增加有机质 770kg、氮素 48kg；落淤 20cm 厚，土壤有机质增加 40%，全氮 70%，全磷 20%，土壤平均脱盐率达到 46.6%~48.7%，达到作物正常生长的要求。

（4）灌水冲洗，挖沟排盐

采用修建 U 型渠道防渗，并结合打井抽咸补淡，可以达到洗盐，控制地下水位上升，预防次生盐渍化发展的目的。挖沟排盐是目前治理盐碱地的有效途径之一，采取上排下灌，把排、蓄、灌、压盐、培肥有机地结合起来，可以有效地改造下湿盐碱滩地。

（5）稻旱轮作，综合利用

在排灌方便的地区，种植水稻后，土壤脱盐率可达到 54%~84%。但应注意稻旱布局要集中，排沟隔开，防止旱地盐碱化加重。在低凹夹槽地，水位高，矿化度高，可采用挖凸凹形吊沟台田的措施，沟内养鱼，浅水种稻，深水种植莲菜，凸垅种植大麦、高粱、田菁等耐盐作物。挖塘养鱼是黄河盐碱滩地的传统农艺措施，年年来有逐渐发展的趋势。

（6）增施有机肥，种植豆科植物

盐碱下湿地土壤瘠薄，地温低，增施有机肥，特别是骡马粪、鸡粪、羊粪等热性肥料，再配合施用氮磷肥，改良土壤和增产效果显著。种植耐盐性的豆科植物也是改良盐碱地的有效途径。试验表明：田菁种植一年后，土壤有机质增加0.05%，容重减少$0.2g/cm^3$，孔隙度增加7%~8%，结合灌水土壤脱盐率达54%~76%。田菁是一年生耐盐抗涝植物，鲜草可达1 500kg/亩~2 000kg/亩，翻压后小麦增产一倍左右。

（7）秸秆还田，增加土壤有机质

据测定，麦类作物秸秆还田后，土壤容重减少$0.37g/cm^3$，孔隙度增大15%左右，有利于灌溉水入渗洗盐。腐解产生的有机酸，可中和土壤碱性，具有保墒作用，增加土壤有效水2%~3%，脱盐率达到46%~73%，秸秆还田可以连年采用效果明显。

（8）选用耐盐作物，轮作间套

我国可选的耐盐作物有大麦、棉花、高粱、糜子、蓖麻、向日葵、田菁等。河北大学最近刚研究出"转基因抗旱耐盐碱水稻"，这种耐盐碱水稻，不但在盐碱地能够正常结实，而且比较耐旱。专家预测，这种水稻与常规育种相结合会具有极为广阔的应用前景。

采用牧草与粮食作物轮作、间作套种，也是治理盐碱地的一项有效措施。

2. 技术政策

（1）继续坚持统一规划，综合治理与开发的技术策略，采取水利措施与农业生物措施相结合的技术途径。

（2）积极稳妥地开发后备盐碱化荒地，将盐碱化荒地的开发与区域良性循环的农业生态系统的建设相结合，积极探索综合配套实用的多功能技术。

（3）积极开展节水农业生产技术的完善推广，研制与推广节水灌溉设备并实行合理的灌溉排水制度。

（4）大力开展与推广渠道防渗、防漏技术，提高水资源利用效率,防止地下水位抬升。

(5) 加快土地开发环境影响评价方法的研究与应用步伐。

3. 管理政策

(1) 进一步明确土地退化防治的具体负责部门,逐步建立起资源产业化的管理体制。

(2) 加快资源保护与开发管理的制度化建设,实行"资源保护责任制",作为各级主要领导政绩考核的内容之一,制定出台一批土地盐碱化防治的规范、指南和标准,强化各级管理部门的监督、指导和服务职能。

(3) 加强水利工程维护的制度化建设,适度提高水资源价格,坚决制止破坏水利工程和滥用水资源的行为。

(4) 强化区域水盐运动的监测与预报技术的开发,建立全国土地资源质量及盐碱化监测预报体系。

(5) 改革农业土地承包制度,明确规定保持与提高土地质量是土地承包人的责任和义务,并制定相应的检查、奖惩管理办法;制定优惠政策,鼓励农民个人投资改造可耕种的盐碱化土地。

4. 法律法规

(1) 进一步限制流域之间为争夺水资源而进行的滥用资源行为;限制掠夺性开发利用水土资源的行为;限制盲目开垦盐碱化土地的行为;限制破坏水利设施的行为;限制违反科学规律,乱建蓄水闸,盲目扩大灌溉面积的行为。

(2) 进一步明确土地质量保护的法律内容,制定操作规程。明确有关法律的具体执行部门,通过国家监督与各级人大检查制度确保法律法规的实施。

第四节 土地潜育化整治

一、什么是土地的潜育化与次生潜育化

土壤潜育化现象是在渍水条件下所发生的铁的还原作用,使土体呈蓝至灰绿色的现象,也称潜水离铁作用,是水成土壤的主

要发生过程。在沼泽土中,潜育化过程十分强烈,草甸土的深部也有这一过程发生。

由于潜育化土壤中的强还原条件及其所产生的过多的还原性物质,不利于农作物的正常生长,使之成为一种分布十分普遍的低产土壤。江汉平原四湖地区是潜育化水稻土集中分布的区域,潜育化土壤面积超过水田土壤的40%。一般,潜育化土壤分布在肥水条件较好的地势低洼区域,土壤富含有机质,是一种潜在肥力较高的渍害型低产土壤。因其障碍因素较为单一(主要是水分过多问题),增产潜力大,在后备耕地资源枯竭的平原湖区被认为是增产潜力最大的土壤类型。

而土壤次生潜育化是指因耕作或灌溉等人为原因,土壤从非潜育型转变为高位潜育型的过程。常表现为50cm深土体内出现青泥层。

我国南方有潜育化或次生潜育化稻田400多万hm^2,约有一半为冷浸田,广泛分布于江、湖、平原,如鄱阳平原、珠江三角州平原、太湖流域、洪泽湖以东的地下河地区,以及江南丘陵地区的山间构造盆地,以及古海湾地区等。

根据土壤潜育化程度的强弱可将潜育化土壤划分为沼泽型、重潜育型、中轻度潜育型、潴育型四种类型。潜育化水稻土对水稻生长不利的主要障碍因素有:① 水多渍害;② 水、土温度低;③ 土黏、烂、深、硬;④ 通透性能差;⑤ 还原性物质多;⑥ 速效养分缺乏。

二、潜育化土壤的形成原因

水是土壤潜育化形成的前提条件之一,因而没有水,土壤就不存在潜育化。潜育土类型不同,受水分类型影响也不尽相同,如潜育土与矿质潜育土,主要受地下水影响,而假潜育土与滞水潜育土则主要受表潜水的影响。土壤地下水位的高低与水稻土潜育化程度关系密切。地下水位越低,其潜育化程度越轻。除此,长年污水灌溉也会造成土壤潜育化。

地貌也是导致土壤潜育化的原因之一。在南方丘陵山区，处于丘陵、山体上部的水稻土，土壤很少发生潜育化；处于两丘或两山之间冲沟形成的沟槽田，沟坡形成的滂田，土壤多发生潜育化或沼泽化。沟谷的宽窄和比降对水稻土的潜育化也产生重要影响，比降小的宽谷，流水缓慢易滞水，往往导致土壤潜育化；而比降大的窄谷则很少出现潜育化现象。在沿江的带状低槽，以及一些凹形低洼地或排水不畅的古河道，地下水位较高且常有地表水汇集，往往形成潜育性水稻土。除此，屯水田、鱼塘、藕田等长期受地表水影响的土壤也不可避免会发生潜育化或沼泽化。

在水域中，特别是浅水水体中放养鱼类、虾类、蟹类有促进富营养化的作用。稻田养鱼比不养鱼的有机质提高 28.2%。高有机质条件，加之长期渍水，造成了水稻土的潜育化。所以，长期稻田养鱼、虾、蟹等造成的富营养化也是水稻土潜育化的一个重要原因。

不合理的耕作制度也会是造成水稻土潜育化的原因之一。同样，长期不注意水分的治理，重灌轻排（特别是在雨汛同期的平原湖区），排灌设备不配套也是导致土壤潜育化的原因。

三、土地潜育化（水稻土）的治理对策

我国潜育化水稻土分布广，水稻土潜育化是一个严重的土壤退化问题，在洞庭湖一带约 20% 的水稻土发生了潜育化，江西、河北、江苏、广西等省市水稻土潜育化也相当严重。土壤的潜育化作用不断加强，致使地下水位不断上升，对农作物危害也在不断加剧。潜育化水稻土如果其生态环境得到改善，其增产潜力巨大。建立良好的潜育化水稻土生态环境，提高稻田生产力，对我国人民生活水平的提高和社会主义经济的建设能起到促进作用。

1. 工程措施

(1) 开沟

土壤潜育化一个重要原因就是渍水,因而要改善潜育化水稻土的生态环境,首先要排除土壤积水,降低地下水位,以增加土壤的通透性,降低土壤还原物质,促进潜在养分的释放。这就需要搞好农田水利建设,排灌沟渠配套,使农田能排能灌,排灌自如,特别对低洼地区埋设暗管,能有效控制地下水位,是改善潜育化水稻土生态环境的重要措施之一。实践证,开"四沟"(即截洪沟、排泉沟、排水沟、灌溉沟),排"四水"(即山洪水、冷泉水、毒锈水、串灌水)能收到洪水不进田、肥水不出田、冷泉引出田、毒质排出田的明显效果;地面开30~40cm深的明沟与60~70cm深的暗沟相结合,既能排除地表水又能快速降低地下水位。田间开沟后,土壤理化性状得到明显改善,土温升高,地下水位降低年均值为20.2~22.8cm,土壤容重增加0.17g/cm³,通气孔隙增加(表5-11),氧化还原电位提高(表5-12),还原物质总量降低50%,土壤速效养分明显增加(表5-13)。除此,水稻根系活力增强,总根量、白根量增加,禾苗高度、根长、分蘖数、绿叶数和鲜(干)物重明显增加,因而改善了水稻经济性状,提高了稻谷产量。

潜育化水稻土田间开沟治渍对土坡容重、孔隙的影响　(1989年)　表5-11

处理	采样深度 (cm)	容重 (g/cm^3)	总孔隙度 (%)	通气孔隙 (%)	非通气孔隙 (%)
沟间距1.5m	0~10	1.12	58.15	4.26	58.89
	20~30	1.28	53.08	1.08	52.00
沟间距3.0m	0~10	1.11	59.23	4.08	55.15
	20~30	1.27	54.11	1.00	53.11
未开沟	0~10	0.95	64.6	2.00	63.50
	20~30	1.10	58.5	0.42	58.08

潜育化水稻土开沟治渍氧化还原电位的变化 (1989年)

表 5-12

处 理	测定深度 (cm)	还原电位值（mV）			还原物质总量 me/100g 土
		淹水	湿润	晒田	
沟间距 1.5m	5	231	321.0	412.0	4.45
	15	135.2	185.8	238.0	1.63
沟间距 3.0m	5	220.1	305.2	405.0	5.44
	15	123.4	183.3	239.5	2.11
未开沟	5	85.2	171.0	269.5	9.00
	15	61.1	105.0	189.5	4.52

潜育化水稻土田间开沟治渍土坡养分的变化

表 5-13

项目及处理			pH	有机质 (%)	速效 N (ppm)	速效 P (ppm)	速效 K (ppm)
耕 作 前			7.98	4.47	196.0	17.0	125.0
种 植 前			7.98	4.50	225.0	26.7	218.2
种植后（各生育期）	返青期	沟间距 1.5m	8.10	4.46	206.5	24.8	210.0
		沟间距 3.0m	8.00	4.47	210.0	22.8	185.0
		未开沟	7.98	4.45	187.3	18.1	162.5
	分蘖期	沟间距 1.5m	7.98	4.20	208.3	22.7	196.3
		沟间距 3.0m	7.95	4.41	206.5	21.0	157.5
		未开沟	7.98	4.45	205.3	17.0	146.3
	孕穗期	沟间距 1.5m	7.96	4.30	186.8	18.6	132.5
		沟间距 3.0m	7.98	4.41	184.6	18.5	128.8
		未开沟	8.00	4.47	182.5	18.3	127.5
	成熟期	沟间距 1.5m	7.91	4.23	217.0	23.0	115.0
		沟间距 3.0m	7.95	4.27	208.3	19.3	115.0
		未开沟	8.00	4.22	192.5	17.5	105.0

(2) 深沟抬田

水稻土产生次生潜育化过程，主要原因是由于土壤水分过多而引起的一种渍害，为治理这种土壤，中国科学院长沙现代农业研究所与桃源县委合作，开展了以"深沟抬田"为主要措施的改良次生潜育化水稻土的试验研究工作，取得了初步成绩。近来来的实践证明：深沟抬田的确是改良次生潜育化水稻土的有效途径。它能改善土壤的水热条件和土壤的物理化学性质，促进土壤中好气性微生物的活动，加速土壤中有机物质的分解和转化，为水稻生长提供了有效养分的给源，并使土壤潜在肥力得到了充分地发挥，因而早稻的生长，前期能够早生快发，不僵苗、不死苗，后期能够防止贪青晚熟，同时增强了对病虫害的抵抗能力，降低了空壳率，增加了千粒重，提高了早稻产量。据小区试验：红岩和新坪两地，早稻单产增加16.1%~16.7%，而汤家店增加26%。又据桃源县20个公社，一百多亩田地的开沟对比试验，开沟的187亩田，早稻亩产由467斤增加到622斤，增产32%，比未开沟抬田的稻田，产量显著提高。

深沟抬田的增产效果取决于土壤次生潜育化的程度。因此在改良次生潜育化水稻土的过程中，必须全面考虑，统筹安排，把"深沟抬田"同调整农业生产结构，改革耕作制度、科学管水用水、农田水利建设等项事业结合起来综合运用。只有这样，次生潜育化水稻土的改良工作，才能收到更大成效，达到预期的目的。

2. 种养兼顾的生态工程

水利措施是治渍的根本，但由于种种原因，目前很难收到预期效果，因而以种养兼顾的生物措施为主，结合水利措施对潜育化水稻土进行综合整治才是切实可行的方案。

根据不同水稻品种对潜育化水稻土的适应性和耐性，选种高产优质的水稻品种（组合），使作物与环境因素有机地协调起来，提高土壤生产力。实践证明，因土种植，选种耐潜（渍）

高产优质水稻品种（组合），是一项投入少、见效快，改良利用潜育化水稻土的有效技术。对于不宜种稻及其他作物、渍害严重的重潜育化水稻土，实行退田还湖（塘）、种植水生经济作物（如莲藕、菱、席草等，图5-11）、垄稻沟鱼或稻鱼鸭模式加以利用。将低湖田改挖鱼塘，不仅可以增加内湖的调蓄能力，还由于退田还湖（塘）后，改种粮食为养鱼或其它特种养殖，可以极大提高经济效益，也有助于生态系统的良性循环。在湖北小港农场，养鱼的收入为两季稻的2.2倍，种莲藕是单季稻的5.5~9倍。

图5-11 中重度潜育化土壤利用模式：植莲、莲藕种植

因地制宜，调整种植结构，改革稻田耕作制度，也是解决潜育性水稻土渍水时间过长问题的一种方法。在轮作或茬口中加入1~2季旱作，缩短渍水时间。在潜育性稻田改制上，主要推广油稻、春大豆（间玉米）连作晚稻、冬闲（干耕晒垡）一季稻等水旱交替，多种轮作的种植制度，能明显改善土壤生态环境状况。水旱轮作两年后，在表层10cm土层，土壤体积质量、通气孔隙增加。除此，水旱轮作后，土壤微生物总量增加，好气性细菌增多，厌气性细菌减少；氧化还原电位（Eh）提高，还原物质减少，速效养分增加，稻谷产量得以提高。

调整有机无机肥料结构，重施速效磷钾和热性农家肥，并推广配方施肥技术，调整氮磷钾施用量。目前主要措施是扩种紫云英，配合适当施用腐熟的有机肥。在此基础上配施速效化肥；特别要补磷增钾和特种肥料（如石灰、硫黄、硫酸铜等），提高土温，促进土壤养分释放转化可供水稻根系吸收。据福建省东北部的周宁县1.2万亩潜育型水稻田推广配方施肥看，效果显著。平均亩增稻谷85.29kg。推广配方施肥后，把氮、磷、钾肥料比例由原来的1∶0.4∶0.017调整为1∶0.5∶0.7~1。另外，选用耐潜品种也能显著提高水稻产量。据长沙农业现代化所和桃源县生产实践表明，杂交水稻从潜育性土壤中吸收氮素的性能较强，比常规稻能更好地适应这种生态环境。

第五节 土地污染整治

我国是耕地资源极其匮乏的国家，近年来其数量又在不断减少，并已成为限制农业可持续发展的重大障碍。另一方面，我国的土地污染问题仍在不断恶化。尤其是在下一世纪达到人口高峰期之前，我国粮食需求的增长和经济的高速发展，将会对土地环境保护工作提出严峻的挑战。

一、什么是土地污染

土地污染，是指各种有机物、污染物通过不同方式进入土地并在土地中积淀，从而破坏土地生物群体组成，破坏土地结构，当其数量日渐增多，超过土地自我调节阈值，便使土地生态平衡被破坏，土地生产力下降。土地污染大致可以分为：重金属污染、农药和有机物污染、放射性污染、病原菌污染等多种类型。

二、土地污染的现状及其危害

1. 土地污染的现状

我国20%的耕地遭受污染，患上"恶性肿瘤"，每年因此造成的直接损失相当于同期国民生产总值的1%。土地污染的危害不亚于水污染和大气污染,但人们却远不像关注水污染和大气污染那样关注土地污染。

据报道,目前我国受镉、砷、铬、铅等重金属污染的耕地面积近2 000万 hm^2,约占总耕地面积的1/5;其中全国遭受工业"三废"污染的耕地达3亿亩,遭受化肥和农药污染的耕地也有2亿多亩,二者占全国耕地总量的20%。污水灌溉的农田面积已达330多万 hm^2。例如,某省曾对47个县和郊区的259万 hm^2耕地(占全省耕地面积的2/5)进行过调查。其结果表明,75%的县已受到不同程度的重金属污染的潜在威胁,而且污染趋势仍在加重。

污水灌溉等废弃物对农田已造成大面积的土地污染。如沈阳张士灌区用污水灌溉20多年后,污染耕地2 500多 hm^2,造成了严重的镉污染,稻田含镉 5~7mg/kg。天津近郊因污水灌溉导致2.3万 hm^2 农田受到污染。广州近郊因为污水灌溉而污染农田2 700hm^2,因施用含污染物的底泥造成1 333hm^2的土地被污染,污染面积占郊区耕地面积的46%。

另一方面,全国有1 300万~1 600万 hm^2 耕地受到农药的污染。除耕地污染之外,我国的工矿区、城市也还存在土地(或土壤)污染问题。

多年来,由于环保意识薄弱,加上工业技术落后、资金不足,致使我国的工矿业废渣和生活垃圾堆积如山,不仅占用大量土地,而且很多固体废物含有有毒物质,造成大量土地污染和破坏,甚至造成农作物减产绝收。据统计,全国受固体垃圾污染的农田有30多万亩。我国还是世界上受酸雨危害严重的地区之一,每年因酸雨造成经济损失达140亿元。现在酸雨区已由80年代的西南局部地区发展到西南、华中、华南、华北地区,超过了国土面积的40%。

2. 土地污染的危害

各种类型的土地污染问题,在国内确实存在,而且相当普遍,对人类构成了极大的威胁,不但造成了生态环境的破坏,而且严重危害了人类的健康，引发了各种疾病，降低了农作物的产量和品质，造成了严重的经济损失。

沈阳某污灌区被污染的耕地已超过 2 500hm^2，致使粮食遭受严重的镉污染，稻米的含镉浓度高达 0.4～1.0mg/kg（这已经达到或超过诱发"痛痛病"的平均含镉浓度，农业生产被迫停止）。江西省某县多达44%的耕地遭到污染，并形成670公顷的"镉米污染"区。

据了解，上海川沙污灌区的地下水检测出氟、汞、镉和砷等重金属。成都市郊的农村水井也因土地污染而导致井水中汞、铬、酚、氰等污染物超标。

由于土地污染具有滞后性和累积性，人们无法通过感官来发现，只有经过漫长的过程才能发现，而这个过程也是污染物质在土地中不断积累的过程，因此污染物质未超标、各种异常现象出现之前，土地污染问题一般不会引起人们的重视。加之重金属对土地污染的不可逆转性，导致土地污染难以治理，单靠水体的淋洗作用和净化作用是很难解决问题的。土地污染一旦发生，仅仅依靠切断污染源的方法往往很难恢复，有时要靠换土、淋洗土地等方法才能解决问题，因此，治理污染土地通常成本较高、治理周期较长，长期达不到预期的效果。

三、土地污染防治的对策

治理土地污染是一个世界性的难题，至今还没有令人满意的净化措施，现有的治理方法代价高昂，净化周期长，效果也不理想。特别是土地中的重金属污染和核辐射污染，现有技术水平几乎束手无策。专家认为，目前防治土地污染的最有效办法是：不要污染它！

但是，土地污染是可以管理的。防治土地污染要综合治理，必须多部门协调统一行动。目前，我国在耕地的数量管理上颇为严格，但在土地质量的管理上却还有一些"空白"。农业部门重视的是农业生产，土地管理部门强调的是耕地数量，而环保部门操心的是大气污染和水污染。土地污染谁来管呢？针对这个问题，我们必须制订在本国内部解决这一问题的政策，要识别和监测受污染地点，也要清理那些对人体健康和环境有高风险的受污染地点，必须识别和监测土地污染的潜在来源，必须全国性地开展和实施法规控制。然而，从总体上说，土地污染的预防才是主要目的。因此，国家和有关管理部门对土地污染问题应采取法律、经济、行政和技术等各项措施，积极进行防治。

1. 加强宣传，增强公众土地环保意识

人们对土地污染防治重视较差的主要原因之一是对土地污染的危害认识不足。土地污染影响和破坏土地可持续利用，污染生物产品，危害人体健康，恶化生活环境等，对此必须进行广泛的宣传教育，提高各部门、各阶层人士对土地污染的危害的认识。通过增强公众土地环保意识和观念，高度重视土地污染的防治工作，使防治土地污染成为一种自觉行为。

2. 健全土地污染防治法制，加大执法力度

目前我国与土地污染防治有关的法律法规有《宪法》、《环境保护法》、《水污染防治法》、《大气污染防治法》、《固体废物污染环境防治法》、《矿产资源法》、《土地管理法》、《基本农田保护条例》等。为了有效防治土地污染，应制定《土地污染防治法》，以加强对土地污染防治的监督管理，要对污水灌溉、工矿废弃物、城市生活垃圾、化肥农药、酸雨以及土地等的污染防治做出法律规定，通过法律手段有效防治土地污染。

3. 实行污染者付费和污染经济补偿制度

（1）加快排污费改革步伐。要将排污收费标准逐步提高到高于污染治理成本的水平，改变收费结构，对排污费的征收、使用、监督进行规范化管理等。

（2）对危害健康和污染环境的产品开征生态税。

（3）对有利于水环境保护的领域实现减免税收政策。

（4）研究探讨水环境保护的区际利益补偿机制。例如，我国江河上游大多位于经济欠发达地区，有时为了保护下游水环境

可能要放弃某些产业的发展，为此，中、下游地区可通过财政转移支付方式对上游地区进行利益补偿，促进流域上、中、下游间积极预防和治理水污染。

4. 采取各项技术措施，积极预防土地污染

（1）加快城镇污水处理厂及其配套工程的建设，提高城镇污水处理率。

（2）采取有效措施（图5-12～图5-15），防止固体废弃物污染土地。

图5-12 高速公路边坡防护

图5-13 高速公路弃渣防护

图5-14 采矿场分级开采后防护

图5-15 弃渣厂防护恢复工程

(3) 推广科学的施肥方法和栽培技术,开发和引进高效低残留的新型农药品种,并推广应用以虫治虫的农作物病虫害防治技术,大幅度减少农药使用量。

5. 利用行政手段,加强政府治污

(1) 要制定土地污染防治的定量考核目标,落实各级政府治理土地污染的责任。

(2) 各级地方政府要组织制定本行政区土地污染防治规划,合理保护和治理辖区内的土地环境。

(3) 各级政府要以产业结构调整促进土地污染防治工作的

开展,将区域产业结构和产业布局调整纳入经济发展与土地污染防治的综合决策。其中我国土地污染防治特别要以关、停"十五小"企业为重点,对无法做到达标排放的重点污染"十五小"企业强制实行关、停、并、转,减少污染物排放总量。

6. 加强土地污染的调查和监测工作

在通过调查摸清我国土地污染总体状况的基础上,研究适合我国国情的土地环境质量评价标准,建立土地污染监测制度,制定我国土地污染防止和治理的战略和措施,实现我国土地资源可持续利用。

第六章 农村土地资源保护

第一节 土地保护

一、什么是土地保护

1. 什么是土地和土地资源

在农村生产中,土地资源[1]是指农、林、牧、副、渔、工、商、运输等生产经营中已经开发利用和尚未开发利用的土地数量和质量的总称,如:耕地、道路、荒地资源、林地资源、草地资源、沼泽地资源、水面资源、滩涂资源等。

2. 土地保护的概念及主要任务

土地保护是人类为了满足自身的生存与发展对土地的需求,为了保存、恢复和改善土地生产力,防止土地退化,实现土地可持续利用而采取的措施和行为。土地保护就是根据相关法律法规,制定保护措施,对土地实行全面保护,保证土地生态环境的良好性能和质量,实现土地资源和土地资产的优化配置和科学利用。

目前,我国农村土地保护的主要任务包括:农用地保护、基本农田保护、改善基本农田建设、治理环境污染、改善生态环境、加强土地整治,减少和防止土壤退化等。

二、为什么要进行土地保护

1. 我国土地资源退化严重

土地资源退化是指由于人类不合理的开发利用所造成的土地生产力衰减,主要类型包括:水土流失(或称土壤侵蚀)、土地沙漠化、草原退化、次生盐碱化和沼泽化以及土壤污染等。

我国土地资源总面积为 144 亿亩,具有如下特点:其一,山地（含丘陵）多（占土地总面积的 2/3），平地少（占 1/3）；其二，较难利用的沙漠、戈壁、高寒荒漠、石山和冰川以及永久积雪地的面积较广，约占土地总面积的 18%；其三，在可供农用的土地中，草地比重最大（占土地面积的 41.58%，约 60 亿亩），林地次之（占 17.95%，约 26 亿亩），耕地最少（仅占 14.21%，约 20 亿亩）；其四，耕地质量不高（高产田不及 1/3），退化严重，且可耕地的后备资源少。

我国由于不合理的开发利用方式（与自然因素共同作用）所造成的土地资源退化包括水土流失面积 356 万 km^2，荒漠化土地面积 5.01 亿亩，土壤盐碱化面积 14.87 亿亩，草场退化面积 30 亿亩，土壤污染面积 4 亿亩。这些退化过程所涉及的耕地 10 多亿亩，占耕地总面积的一半。考虑到重复计算，如以 10% 扣除后，则我国土地资源退化面积约为 7.3 亿亩，占全国土地总面积 50.7%。近二三十年来，由于人口大量增加和粗放的增长方式，使我国土地资源的退化状况越来越严重。

2. 耕地减少，人口增加，资源紧张

根据 2008 年中国国土资源公报，全国现有耕地 18.2574 亿亩，离 18 亿亩的红线仅有 2574 万亩的空间。

耕地是农业生产、粮食安全的基础，也是国家经济安全、社会安全的基础，是我们的"生命线"。耕地数量和质量的变化，直接影响我国粮食供应能力。耕地提供了人类生活必需的粮、油、棉等主要农作物，而且 95% 以上的肉、蛋、奶产品也由耕地资源的主副产品转换而来。我国有 13 亿人口，要解决这么多人的吃饭问题，必须保证有足够的耕地。预计到 2020 年，中国人口有可能达到 16 亿，从目前农业生产水平和技术水平来看，只有保持 18 亿亩耕地才能实现粮食自给。18 亿亩耕地保障的是中华民族的生存权！

三、土地保护措施

针对我国目前土地资源现状，可采取以下措施进行土地保护。

1）进行广泛宣传，增强全国各界对土地资源的忧患意识。

2）制定完善的法律、政策，建立强有力的执法监督机制。

3）延长农村土地承包期、使用权，增加基础水利设施建设。

4）培肥土壤，提高耕地生产力。

5）植树造林、种草改造沙漠，加强水保工程建设；防止土地与水资源污染等。

另外，我国农村土地保护的重点是抓好农业生态保护和环境生态保护，防止水土流失和环境污染。农田生态保护以耕地资源持续利用为目标，加强耕地的质量保护。通过兴修水利设施，改善排灌条件和增施有机肥等措施，改造中低产田（地），努力提高单产。加强中低产林地改造，提高单位面积生长量和蓄积量。

四、土地保护相关法规

1. **我国农村土地保护的主要法律法规**

改革开放以来，国家相继制定实施了《土地管理法》、《水土保持法》、《水土保持法实施条例》、《防沙治沙法》、《环境影响评价法》、《森林法实施条例》等法律、法规，修订完善了《草原法》，下发了《国务院关于禁止采集和销售发菜，制止滥挖甘草和麻黄草有关问题的通知》，出台了一系列惠农的环境整治措施，构建了以《土地管理法》、《水土保持法》、《防沙治沙法》、《森林法》、《草原法》等为主的法律和政策体系，这些法律法规明确了土地资源保护的内容，包括对土地资源数量的保护、维护土地资源的生产潜力和提高土地资源生产力的地力保护等，有效地保障了土地退化防治工作的顺利进行。

2. **土地法的主要法律条款**

新修订的《土地管理法》要求：各级人民政府应当采取措施，维护排灌工程设施，改良土壤，提高地力，防止土地荒漠化、盐渍化、水土流失和土地污染。

在关于保护和合理利用土地的具体规定方面，土地法针对目前存在的主要问题，突出了以下几点：

1）明确规定建设征用土地的原则和审批程序，规定向用地单位征收土地使用税，防止土地浪费，特别是防止乱占和浪费耕地良田。

2）要特别重视保护耕地和林地，明确规定这些土地的使用者和有关政府机关在保护土地、改良土壤、防止水土流失等方面的义务。

3）明确规定非农业用地单位在使用土地过程中，应采取措施保护土地的义务，防止在地质勘探、开发利用地下资源、筑路、兴修水利和进行其他工程时对土地资源造成破坏或危害，同时对土地的恢复利用问题也应作出专门规定。

4）规定一切厂矿企业和事业单位必须采取措施，防止土地污染。

5）规定在制定土地规划的时候，要充分注意土地的保护和综合利用。

6）建立一个统一而有力的土地管理体制。

7）对违反土地法规，破坏、损害和污染土地的行为，明确规定其法律责任。

总之，土地法的根本任务和中心内容，是在维护社会主义土地公有制的前提下，保护和合理开发利用土地，建设国土。

第二节 基本农田保护

一、基本农田保护概述

1. 什么是基本农田

基本农田是指根据一定时期人口和国民经济对农产品的需求以及对建设用地的预测而确定的长期不得占用的和基本农田保护

区规划期内不得占用的耕地。[8]

2. 耕地与基本农田的区别

耕地与基本农田的主要区别在于：基本农田只是耕地的其中一部分，而且主要是高产优质的那部分耕地，并不是所有的耕地都是基本农田。一般而言，只有那些划入基本农田保护区内的耕地，才视为基本农田。

3. 什么是基本农田保护区[8]

基本农田保护区，是指为对基本农田实行特殊保护而依据土地利用总体规划和依照法定程序确定的特定保护区域，是国家用法律的形式确定的基本农田保护区，在一定历史时期内它的数量、范围、用途和布局都不能任意改变。

4. 建立基本农田保护制度的意义

建立基本农田保护制度的根本目的是从社会主义经济建设的需要出发，在保证吃饭和建设的前提下，把用于粮食生产的必保基本农田科学地保护起来。保证用于农业生产，不许改变用途。只有这样才能保证全国人民起码的吃饭（生存）需要，才能保证经济建设不断发展的后劲，才能保证人民生活水平不断提高和社会安定，才能使中华民族永远昌盛，世世代代立于不败之地。这是造福子孙后代的百年大计。

二、如何划定基本农田保护区[8]

1. 基本农田保护区的划定程序[10,11]

基本农田保护区以乡（镇）为单位划区定界，由县级人民政府土地行政主管部门会同同级农业行政主管部门组织实施。

基本农田保护区划定的程序是：

（1）编制规划

编制县级和乡（镇）土地利用总体规划，明确基本农田保护的布局和安排、数量指标和质量要求，确定基本农田保护区。

（2）划区定界

以乡（镇）为单位，将土地利用总体规划确定的基本农田保护区到实地进行划区定界,确定保护区的具体范围、四至,并落实到具体地块。

(3) 设立标志

基本农田保护区划定后,由县级人民政府设立保护标志,并予以公告。

(4) 建立档案

将划定基本农田保护区的资料收集整理,建立档案,妥善保存。

(5) 验收确认

基本农田划区定界后,由省、自治区、直辖市人民政府组织土地行政主管部门和农业行政主管部门验收确认,或者由省、自治区人民政府授权设区的市、自治州人民政府组织土地行政主管部门和农业行政主管部门验收确认。

2. *《基本农田保护条例》关于基本农田保护区划定的主要规定*

基本农田是耕地的一部分,是耕地中的精华。因此,保护耕地首先要保护基本农田。

国务院 1998 年颁发的《基本农田保护条例》第十条中规定,原则上将下列耕地划定为基本农田保护区:

1) 经国务院有关主管部门或者县级以上地方人民政府批准确定的粮、棉、油生产基地内的耕地。

2) 有良好的水利与水土保护设施的耕地,正在实施改造计划以及可以改造的中、低产田。

3) 蔬菜生产基地。

4) 农业科研、教学试验田。

根据土地利用总体规划,铁路、公路等交通沿线,城市和村庄、集镇建设用地周边的耕地,应当优先划入基本农田保护区;需要退耕还林、还牧、还湖的耕地,不应当划入基本农田保护区。

三、基本农田保护区的主要保护措施

1. 加强基本农田的保护的基本措施

地方各级人民政府应当采取措施,确保土地利用总体规划确定的本行政区域内基本农田的数量不减少。

禁止任何单位和个人在基本农田保护区内建窑、建房、建坟、挖砂、采石、采矿、取土、堆放固体废弃物或者进行其他破坏基本农田的活动。

禁止任何单位和个人占用基本农田发展林果业和挖塘养鱼。

禁止任何单位和个人闲置、荒芜基本农田。

2. 控制违法案件的发生[12]

建立一个部门联动配合机制,比如说对于违法用地者,工商部门不给注册登记,银行不给贷款。要建成一个有效的制约机制,这是最重要的。

加强基层国土所建设。要建立一个土地违法的发现和报告机制,现在有卫星,还有网络、动态巡察、群众举报等,叫做天上看、网上管、地上查,还要保证土地违法信息上报的渠道畅通。

要加强和纪检监察部门、司法机关的配合。前面这些措施会大量减少违法,还有违法的,将由纪检监察部门追究有关干部的责任,涉及刑事责任的,司法机关要处理。

同时,国土部门自身要进行改革。长期以来,国土部门对事先审批比较注重,对事后的监管比较薄弱。今后要加强监管,管住总量,管住结果。

3. 加强农村耕地保护和合理利用,促进新农村建设[12,13]

落实新农村建设"生产发展、生活宽裕、乡风文明、村容整洁、管理民主"的要求,与国土资源工作特别是土地整理工作密切相关。

我国未整理的耕地普遍存在地块分割零碎、规模效益不高、机械化作业难以开展等问题,制约了农业生产率的提高和规模化经营。实践证明,通过土地整理,在改善农业生产条件、提高耕

地产能的同时，可以归并分割细碎的地块，形成规模经营的条件，改善传统的农用地利用格局，有利于农业现代化生产方式和经营方式的调整。一些地方通过土地整理，为发展特色农业、引进农业产业化龙头企业创造了条件。

搞好新农村建设需要一个正确的思路。现在有一个倾向就是大拆大建，一是占地，二是古朴的乡村风貌都破坏了。所以，新农村建设要提高农业生产力，在村庄的建设上，应该因地、因时制宜，不能理解为造城运动、造村运动，不顾生产力的发展水平，也不顾当地的文化风俗，一味地蛮干，可能最后会事与愿违。还有一种倾向就是，新农村建设引入房地产开发企业来参加新农村建设，这样就可能成为一个变相的房地产开发，利用乡村风光搞别墅，开发商给农民交多少房子，剩下一块地给房地产开发，这样做也是不允许的。

四、基本农田保护区的监督管理

《基本农田保护条例》第二十七条规定：在建立基本农田保护区的地方，县级以上地方政府应当与下一级人民政府签订基本农田保护责任书；乡（镇）人民政府应当根据与县级人民政府签订的基本农田保护责任书的要求，与农村集体经济组织或者村民委员会签订基本农田保护责任书。

基本农田保护责任书应当包括下列内容：
（1）基本农田的范围、面积、地块；
（2）基本农田的地力等级；
（3）保护措施；
（4）当事人的权利与义务；
（5）奖励与处罚。

第二十八条规定：县级以上地方人民政府应当建立基本农田保护监督检查制度，定期组织土地行政主管部门、农业行政主管部门以及其他有关部门对基本农田保护情况进行检查，将检查情况书面报告上一级人民政府。被检查的单位和个人应当如实提供有关情况和资料,不得拒绝。

第二十九条规定:县级以上地方人民政府土地行政主管部门、农业行政主管部门对本行政区域内发生的破坏基本农田的行为,有权责令纠正。

五、基本农田保护区的法律责任

1. 主要的违法行为及其处罚方式[8]

违反《基本农田保护条例》规定,有下列行为之一的,依照《中华人民共和国土地管理法》和《中华人民共和国土地管理法实施条例》的有关规定,从重给予处罚:

(1) 未经批准或者采取欺骗手段骗取批准非法占用基本农田的;

(2) 超过批准数量,非法占用基本农田的;

(3) 非法批准占用基本农田的;

(4) 买卖或者以其他形式非法转让基本农田的。

2. 基本农田保护五不准规定

(1) 不准占用基本农田进行植树造林、发展林果业和搞林粮间作以及超标准建设农田林网;

(2) 不准以农业结构调整为名,在基本农田内挖塘养鱼,建设用于畜禽养殖的建筑物等严重破坏耕作层的生产经营活动;

(3) 不准违法占用基本农田进行绿色通道和绿化隔离带建设;

(4) 不准以退耕还林为名,违反土地利用总体规划,将基本农田纳入退耕范围;

(5) 除法律规定的国家重点建设项目之外,不准非农业建设项目占用基本农田。

第三节 土地生态环境保护

农业是今后经济发展的战略重点,我国国土、资源和人口,大部分处在农业生态环境之中，如何保护好农业生态环境不受污染破坏，一直是大家关心的问题。

一、我国生态环境的现状

进入21世纪后，中国城乡面临的环境污染和生态破坏形势仍是非常严峻的。农业生态环境问题越来越突出，主要表现为：农业环境形势严峻，受乡镇企业排放的废气、污水、工业垃圾、农药、化肥污染的农田已达100万hm^2，每年损失粮食为120亿kg；人均耕地大量减少，土地退化严重，现我国人均耕地不到1.3亩，排在世界许多国家之后；自然生态状况恶化。全国水土流失面积扩大，森林资源砍伐使用量超过树木本身生长量1万hm^2，草原退化、沙化、盐碱化不断加重，生态环境渐渐恶化。近年来一些地区对耕地投入减少，看重使用，轻视耕地的养护，使得土地肥力衰退。由于过度放牧，无节制地砍伐森林，全国有1/4的草场退化，水土流失和荒漠化的面积不断扩大。

1. 土地、水资源污染的现状

（1）乡镇企业污染的现状

乡镇企业废水排放量大，严重污染了农业（村）环境。调查资料表明，大部分地区在乡镇工业高速发展的同时，污染物排放量也快速增加，有的乡镇企业污染物增加速度都赶上了工业产值或产量的增长速度。从全国废水排放趋势来看2007年全国废水排放总量为556.7亿吨，比上年增长27%，其中工业废水排放量达246.5亿吨。

乡镇企业大气污染问题突出，据近几年的统计资料分析，由于乡镇企业废气净化处理设施效率较低，以及大量工业废气的无组织排放，乡镇工业排放了大量二氧化硫和烟尘。从发展趋势来看，废气排放量以每年2%的速度递增。乡镇企业在广大乡镇造成了严重的环境污染和生态破坏，制约了农村经济的发展。

（2）化肥和农药造成的污染现状

由于农药的利用率低于30%，所以70%以上的农药散失于环境之中，严重影响农业生态环境。

一是大多数农药以喷雾剂的形式喷洒于农作物上，其中只有10%左右的药剂附着在作物体上，而大部分喷洒于空气中，并通过皮肤和眼睛黏膜表面接触损害人体。再是通过呼吸系统吸入引起呼吸道疾病，严重的会导致急性中毒、慢性中毒，甚至致癌。

二是施药时部分农药落入土中，附着在作物上的农药也因风吹雨打渗入土中，大气中农药又沉降至土壤中，使土壤中农药残留量增加，严重污染土壤。

三是土壤中农药被灌溉水、雨水冲刷到江河湖海中，污染了水源。

四是农药的不合理使用，在一定时间内或多或少都有部分残留或超量残留在农作物上，导致农产品农药残留量增加，严重影响了人民的身体健康和出口贸易。

五是由于长期不合理使用农药，农田内蛇、青蛙、蚯蚓等数量已显著减少，泥鳅、黄鳝等几乎绝迹，有益天敌加速灭亡、有益生物种群数量急剧下降，不少地区农田生态平衡失调。同时，病虫产生抗药性而使病虫危害加剧，结果农药施用量越来越大，加重了农业生态环境污染，使其陷入恶性循环之中。

（3）地膜残留对土壤的污染现状

农用薄膜是一种高分子的碳氢化合物，在自然环境条件下不易降解。随着栽培年限的延长，耕层土壤中残留膜的数量不断增加，在土壤中形成了阻隔层，日积月累，造成农田"白色污染"。残留地膜降低了土壤渗透性能，减少了土壤含水量，削弱了耕地的抗旱能力。妨碍种子的发芽、生长，同时还助长了细菌等有害生物的活动。土壤中的残留膜阻碍作物根系对水肥的吸收和生长发育，严重者引起农作物减产。

（4）禽畜和水产规模养殖造成的污染现状

畜禽粪便中含有大量肠道寄生虫和病原微生物，随意排放非常容易造成人畜共患疾病的传播，这些粪便一旦进入河道，将会造成水体富营养化。水体富营养化将使藻类大量繁殖，鱼类将无法生存，严重时水体会变黑变臭，任何植物动物都无法生存，这样的河水也不能再用来灌溉庄稼。

大多数水产养殖产生的废物主要是未被摄食的残饵（食物废物）、养殖生物的排泄物、化学药品和治疗剂；这些污染性废物可以导致近岸、湖泊等水域发生富营养化，细菌数量增加，水体恶臭，鱼类异味，甚至对水生生物产生毒性等。这不但降低了水生生物的经济价值，而且还可能对人类的健康产生危害。

（5）水产养殖中滥用药物会造成哪些不好影响

水产品中药物残留与人类健康息息相关，对人体的毒性作用包括：① 急、慢性中毒；② 导致畸形、基因突变、癌症作用；③ 激素会影响人类的生长发育程度；④ 过敏反应：轻者引起皮肤瘙痒、皮炎和荨麻疹，重者引起急性血管性水肿、休克甚至死亡；⑤ 对人类胃肠道微生物产生影响，致使平衡破坏，有些条件性致病菌（如大肠杆菌）可能大量繁殖，损害人类健康；⑥ 造成人类病原菌耐药性增加。

（6）农村饮用的地下水为什么会影响人体健康

河流、湖泊等水体被污染后，对人体健康会造成严重的危害，这主要表现在以下三个方面。

第一，饮用污染的水和食用污水中的生物，能使人中毒，甚至死亡。例如，1956 年，日本出现了一些病因不明的患者。患者有痉挛、麻痹、运动失调、语言和听力发生障碍等症状，最后因无法治疗而痛苦地死去，人们称这种怪病为水俣病水俣病患者照片见图 6-1。科学家们后来研究清楚了这种病是由当地含汞（水银）的工业废水造成的。

第二，被人畜粪便和生活垃圾污染了的水体，能够引起病毒性肝炎、细菌性痢疾等传染病，以及血吸虫病等寄生虫疾病。

第三，一些具有致癌作用的化学物质，如砷（As）、铬（Cr）、苯胺等污染水体后，可以在水体中的悬浮物、底泥和水生生物体内蓄积。长期饮用这样的水，容易诱发癌症。

（7）如何正确利用污水灌溉

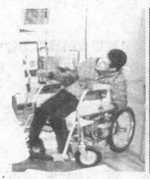

图 6-1　水俣病患者

城市污水，不仅是郊区稻田的重要水源，而且也是重要的肥源。污水灌溉的稻田，节省肥料，降低成本，而且土壤肥力不断提高。污水主要来源于生活污水和工业污水。生活污水水质好、肥分高，对水稻有利。工业污水含有一些不利于水稻生长的重金属盐类，如铅、铬、砷、汞以及氯、硫、酚、氰化物等有害成分。因此，利用污水灌溉要注意使用方法，趋利避害，才能发挥更大作用污水膜滤用于农灌示意图见图 6-2。

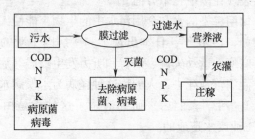

图 6-2　污水膜滤用于农灌

2. 农村大气环境污染主要有哪些

（1）农村的"户户冒烟"问题给大气带来了哪些危害

目前我国大多数农村还是靠燃煤取暖做饭，即使是无烟煤，也经不住"村村点火，户户冒烟"，照样乌烟瘴气。农民用煤的普遍，也"滋养"了浪费资源、恶化环境的小煤矿。所以，尽管经济状况改善，但农村仍改不了煤灰四溢、煤烟飞扬的场面，"有新房没新村，有新村没新貌"。

（2）秸秆燃烧造成的大气污染是怎样的

"三夏"、"三秋"季节，农民为了抢收抢种，把这些剩余秸秆绝大部分在田间直接焚烧处理掉。大量剩余秸秆的露天焚烧不但造成极大的资源浪费，而且带来严重的大气污染，甚至影响飞机的正常起降和汽车行驶的安全，并频繁引发火灾事故。每年"三夏"、"三秋"双抢季节，全国各地由此而引发的火灾、机场停运及飞机迫降、航班延误及旅客滞留、高速公路交通受阻等事故，以及由此造成重大的经济损失频频出现。

3. 农村固体废物带来哪些环境问题

（1）废弃的农作物秸秆堆置现状

我国农作物秸秆资源拥有量居世界首位，年产秸秆 6 亿 t，其中 42% 直接或过腹还田，30% 作为农用燃料，8% 作为工业或其他用途，20% 约 1.2 亿 t 剩余未被利用。山东省是农业大省也是秸秆产出大省，年产各类作物秸秆 8 000 多万吨，全省秸秆综合利用率达到 80%，仍有约计 1 600 万 t 没能被利用，加之多年陈草烂垛堆积，共计有 1 900 万 t。这些剩余的农作物秸秆被废弃于田间地头、场院房头，不仅占压了大量的土地，影响了农村环境卫生，还成为农村火灾的一大隐患。

（2）固体垃圾给农村生态环境带来了哪些影响

目前，农民群众产生的生产、生活垃圾数量和种类不断增加，主要有秸秆纤维类、白色污染类、农村建筑类以及厨房垃圾和动物尸体、粪便及药物瓶（袋）等。由于农民对垃圾产生的危害性缺乏进一步认识，且没有统一的垃圾收集点，他们便随意丢弃处理产生的垃圾。一是就近处理，将垃圾随便倾倒在家门前，或村边的荒沟、荒坡、草地树林内；二是将垃圾随便倒在路边或排水渠内；三是直接倒在田间地埂、河畔中；四是未经分类，直接焚烧。这些被随意倾倒的垃圾会传染疾病、污染空气，甚至直接污染水源。特别是随意丢弃的农药瓶（袋），不但破坏土壤酸碱度，污染环境，还会危及生命。

4. 不适当垦殖带来的生态问题有哪些

（1）毁林开荒带来的生态问题

长江流域和黄河流域的年土壤流失分别达到24亿t和16亿t。据调查，造成水土流失的主要因素是陡坡地开垦。全国仅25°以上坡耕地就达9 100多万亩，多数分布在西部地区，是造成水土流失的"大户"。由于不合理的耕作方式和毁林开荒，每年输入长江、黄河的泥沙有2/3来自这部分耕地。由于失去了森林的保护，水土流失越来越严重，温室效应越来越明显，空气质量越来越差，生物物种越来越少，人类生存的环境越来越恶化。

（2）滥垦草原带来的生态问题有哪些

忽视对牧业与粮食作物经济效益的比较，对许多"以牧为主"的草原地区进行开垦，使本身就很脆弱的草原牧区生态环境进一步恶化。不仅仅是上世纪发生的事，就是到了现在也在不断发生。我国草原生态目前仍呈"局部改善，总体恶化"的趋势。全国已有退化草原面积1.3亿hm^2，并且每年还以2万km^2的速度蔓延。由于草原生态建设投资大，周期长，见效慢，而工农业的发展又占用大量草地，所以草原退化与减少的状况近期还难以根本改变。另外，由于对草地的掠夺式开发，乱开滥垦、过度樵采和长期超载放牧，使全国草地面积逐年缩小，草地质量逐渐下降。加之近年来中国北方草原地区降雨量减少，以及草场的病虫和鼠害也加速了草原退化，草原退化又进一步导致这些灾害加剧。

（3）围湖、围海、填塘造田带来的生态问题有哪些

近些年来，随着各地经济建设的发展，流域用水量剧增，湖泊来水量减少，入不敷出，水位下降，面积缩小，致使一些湖泊消失，一些大湖面积也大大缩小。湖泊等水域面积明显减少，极大地削弱了湖区的泄洪能力，导致一些地区的洪涝灾害频繁。

（4）陡坡、丘陵及山坡开荒带来的生态问题有哪些

坡地开荒导致水土流失严重，并带来山体滑坡、泥石流等一系列问题。

由于不适当的垦殖，造成了严重的生态后果。不少地区的小气候发生了不良变化，干旱、水灾、风灾等自然灾害频繁，使我国许多地区农业生态环境处在恶性循环之中，造成了严重的经济损失。

二、生态环境保护的具体措施与工作重心

1. 生态环境保护的具体措施有哪些

（1）如何根据气候正确施肥

近些年，由于农田耕作制度比较单一，用地多，养地少，土壤有机质含量有逐年减少的趋势，这就使肥料的投入量不断增多，成本不断攀升。为了降低肥料投入成本，根据气候变化规律，提高施肥技巧，是节省开支增加效益的有效措施之一。[17]

① 利用适温、适时施肥

生产实践表明，在 0~32℃ 的范围内，随温度的升高，作物的吸肥能力逐步下降。如水稻最适宜的水温为 30~32℃，棉花最适宜的土温为 28~30℃，大麦为 18℃，玉米为 25~30℃，烟草为 22℃。[18] 因此，高温季节，应多施腐熟的有机肥料，适量配施化肥，并要做到以水释肥，高温季节还要注意防止"水肥高峰"相遇，引发作物前期旺长，后期早衰。在低温季节：可在越冬作物上施用半腐熟的有机肥和浓度较高的清水粪，使其在分解过程中提供热量，提高地温；可适量增施磷钾肥，增强越冬作物的抗寒能力。

② 利用光强，提高光合效率

不同生态地区，年光总辐射量是不同的，一般为 377~670kJ（千焦），多的达 795kJ。农业生产就是要利用光照强度，增加农作物叶面积系数，更好地吸收、制造养分，提高光合效率。因此：一要在光照条件好的地方适当多施氮肥，促进作物营养生长和生殖生长，而光照条件差的地方，要少施氮肥，严防作物贪青迟熟；二要在光照太强时，深施肥料，防止光解、挥发；三要在强光照时，多施磷钾肥，提高水分利用率；四要随着叶面积系数增加，适当增施肥料，但应于早晨和下午4时后施用，以减少损耗。

(2) 怎样正确使用以下常见农药

① 生物制剂中的 bt 粉剂（苏云金杆菌）、青虫菌、杀螟杆菌等是一类使用普遍的细菌农药，它的杀虫作用与细菌的数量和活性有关。它要求的适宜温度为 20~30℃，湿度需要大些，且要求避免阳光直射。最好在早晚有露水时或阴天施药。值得特别注意的是，这类农药与杀菌剂混用，会大大降低其活性。

② 有许多农药品种在酸性和中性介质中稳定，但遇碱性容易分解。这类农药品种包括瑞毒霉、杀毒矾、代森锰锌、速克灵、扑海因、多菌灵、井冈霉素、鱼藤酮、灭幼脲、辛硫磷及拟除虫菊酯类等。因此这类农药不能与络氨酮、波尔多液、硫悬浮剂、石硫合剂等碱性农药混用，否则会降低药效。

③ 可杀得、甲霜铜、硫酸铜、氧氯化铜等铜制剂是使用较为普遍的一类农药。但是有不少的农药品种如甲基托布津、多菌灵、代森锌、代森锰锌、苯菌灵、福美双等不能与铜制剂混用，如果混用会降低药效，事倍而功半。

④ 有些农药品种如敌克松、辛硫磷、鱼藤酮，见光易分解。因此，应尽量选择阴天，或早晚使用。例如辛硫磷喷雾使用，其有效期只有 3~5 天，但配成药土撒施在地里防治地下害虫，有效期可长达1个月。

⑤ 瓜类、豆类是比较敏感的作物，在瓜类作物上应慎用敌敌畏、乙膦铝、敌克松、辛硫磷、杀虫双、灭病威；豆科作物应慎用敌敌畏、敌百虫、杀虫双、灭病威等。

(3) 如何正确安装使用农膜

作物生长的三要素是阳光、温度和水分，农膜作为棚室的主要覆盖材料之一，透光率、保温性和防流滴性自然成为其主要的物性指标，为确保农膜能充分发挥功能，建设持续、高产、优质、高效农业,在安装和使用时应注意以下事项。

① 农膜在安装使用之前必须存储在遮阳、干燥的地方,不得日晒雨淋。如在冬季安装,安装前,须将农膜放置在室温下2~3天为宜。

② 棚室结构中的铁和金属线应该被很好地电镀,不得使用脏污和生锈的构件。同时,应该避免使用暴露的金属线和避免产生锐角,以防它们撕破农膜。

③ 安装时,须将农膜拉紧拉平,否则就会影响使用效果。例如,希腊PEP利得膜(一种优质的大棚膜)有透光、保温、防滴、防积尘等多种功能,若安装不当,不但不能发挥其应有的功能效果,而且还会严重影响使用寿命。

④ 切勿将农膜装反,否则不能发挥其功能。若希腊PEP利得膜上标有 "This side of film should face the soil"(此面朝上)字样,即站在大棚内部向上看,可正面阅读此字样。

⑤ 不应该在气温过高的时候安装薄膜,因为此时的薄膜受热膨胀,而当温度降低时薄膜就会收缩,将可能造成断裂和撕扯。一旦发生破裂,宜用专用补胶带修补,以免影响农膜的功能效果。

⑥ 特别要注意的是:尽可能避免薄膜与温室构件直接连接,如果无法避免,应该在连接区域涂抹白色的丙烯酸-乙烯基混合的防腐材料,不要涂抹混合的有机溶剂。

⑦ 避免作物以及灌溉、暖气管路等设备与薄膜的直接接触。

⑧ 不要在外面也不要在温室内部燃烧蔬菜的残叶、汽油等物品,因为燃烧的产物将会损害薄膜。

⑨ 尽量限制杀虫剂、除草剂、生物处理制品的最大使用量,控制硫氢混合物的浓度。对植物使用杀虫剂时,要防止喷在薄膜上。

⑩ 在覆盖薄膜的地方,应该在薄膜上堆放适量的土,这样可以防止喷洒消毒剂对塑料造成的危害。

(4) 节水灌溉有哪些新技术

① 污水喷灌技术

在利用污水喷灌时，应先对污水进行沉淀、筛滤，除去固体污物，有的还需加入消毒杀菌剂。污水灌溉的作物应以除蔬菜以外的经济作物为主，对于谷类作物最好只用于作物生育前期，在作物收获前一段时间应停止污水灌溉。污水灌溉的土壤以砂壤土、壤土和壤质砂土为好，水量应结合作物的种类和生育期确定，如在作物苗期、早春和晚秋应少灌。实施污水灌溉要防止大定额灌溉，以免造成地表及地下径流，灌溉强度以不造成土壤粘闭和不产生地表径流为原则。如污水水质不符合灌溉水质标准时，可采用清水污水混合方法，使混合后的水质符合灌溉要求后再进行喷灌。此技术较复杂，最好在专家指导下运用。

【实例】广西：上林县三里镇推广酒精废液喷灌技术[19]

过去，糖厂和酒精厂产生的酒精废液，排入江河成为污染环境的罪魁祸首。如今，在上林县三里镇，酒精废液却成了蔗农的"宝贝"——将它简单处理后喷洒在甘蔗地里，就是甘蔗保水、杀虫和追肥的好材料。这种"变废为宝"的做法，赢得经济、生态效益双丰收。

2007年，三里镇政府和该酒精厂先用50亩蔗田做实验，结果试验田甘蔗平均每亩增产1~1.5t，与此同时蔗农还能减少肥料成本100元，增收效果明显。2008年4月，三里镇继续发动种蔗大户拿出250亩蔗田做实验。目前，实验田里的甘蔗长势喜人，并未出现异样症状。为了打消群众的顾虑，企业还和农户签订了协议，保障蔗农的利益不受损害。在实验过程中，酒精废液喷灌后用地膜覆盖甘蔗田，有效杜绝了二次污染的发生。

② 咸水灌溉技术

咸水灌溉技术主要包括不同水质的水混灌和轮灌。混灌是将两种不同的灌溉水混合使用，目的是降低灌溉水的总盐渍度或改变其盐分组成。混灌在提高灌溉水水质的同时，也增加了可灌水的总量，使以前不能使用的碱水或高盐渍度的咸水得以利用。

轮灌是根据水资源分布、作物种类及其耐盐性和作物生育阶段等交替使用咸淡水进行灌溉的一种方法。如旱季用咸水，雨后有河水时用淡水；强耐盐作物（如棉花）用咸水，弱耐盐作物（如小麦、玉米、大豆）用淡水；播前和苗期用淡水，而在作物的中、后期用咸水。轮灌可充分、有效地发挥咸淡水各自的作用和效益。

③ 利用空气中的水分进行灌溉

利用空气中的水分进行灌溉就是通过一定的设施来收集空气中的水分，直接供给植物利用或汇集到蓄水池中以供灌溉之用。

对于沙漠地区和缺乏淡水的沿海地区，利用空气中的水分进行灌溉是一种可取的方法，但如何降低成本，提高效率和实用性是今后应着重解决的问题。

（5）如何降低养猪造成的污染

① 提高日粮蛋白质的消化和利用，减少氮的排泄

有多种途径可以提高猪对日粮蛋白质的消化和利用，减少氮排放到环境中。比如，使用酶制剂、饲料的加工处理、应用理想蛋白质的原理配制猪的日粮等。

② 采用阶段饲喂法，减少营养排出所造成的污染

猪在育肥后期，采用二阶段饲喂比采用一阶段饲喂法的氮排泄量减少8.5%。饲喂阶段分得越细，不同营养水平日粮种类分得越多，越有利于减少氮的排泄。另外，公母分养配制营养水平不同的日粮，也有利于减少氮的排泄。

③ 猪饲料使用丝兰属植物提取物，减少猪舍的臭气

中美洲沙漠生长的丝兰属植物提取物可以有效地减少猪舍的氨气释放量，从而减少猪场周围环境空气质量。不仅在饲料中可以直接添加丝兰属植物提取物，而且还可以在贮粪池内、冲粪沟中和猪舍内等直接使用。

④ 猪日粮中使用植酸酶，减少磷的排泄

在不添加植酸酶的情况下，猪对玉米中磷的消化率仅为16%，对豆粕中磷的消化率为38%。在仔猪试验中，添加500酶单位/kg日粮的植酸酶可分别提高日增重12%～16%、饲料转

化率6%、磷利用率23%～80%。[20]

⑤ 使用其他添加剂替代高铜添加剂，减少铜排出造成的环境污染

(6) 农作物秸秆该怎样综合利用

具有市场潜力的秸秆综合利用有以下几个领域，包括秸秆气化制气、秸秆压块成型制炭和锅炉集中直接燃烧等形式的秸秆能源；秸秆饲料；秸秆肥料利用除可采用直接还田、堆沤还田和过腹还田形式外，还可采用特殊工艺科学配比，将秸秆经粉碎、酶化、配料、混料、造料等工序后生产秸秆复合肥；经辗磨处理后的秸秆纤维与树脂混合物在金属模中加压成型处理，可制成各种各样的低密度纤维板材；充分利用作物秸秆、籽壳筛选优良菌种，提高转化率和食用菌产量，进行高档食用菌全年生产。

(7) 怎样进行生态养猪

发酵床零排放生态养猪技术用锯末、秸秆、稻壳、米糠、树叶等农林业生产下脚料配以专门的微生态制剂——益生菌来垫圈养猪，猪在垫料上生活，垫料里的特殊有益微生物能够迅速降解猪的粪尿排泄物。这样，不需要冲洗猪舍，从而没有任何废弃物排出猪场，猪出栏后，垫料清出圈舍就是优质有机肥。从而创造出一种零排放、无污染的生态养猪模式。

利用生猪的拱翻习性，使猪粪、尿和垫料充分混合，通过微生物菌群的分解发酵，使猪粪、尿中的有机物质得到充分的分解和转化，微生物以尚未消化的猪粪为食饵，繁殖滋生。随着猪粪尿的消化，臭味也就没有了，而同时繁殖生长的大量微生物又向生猪提供了无机物和菌体蛋白质被猪食用，从而相辅相成将猪舍演变成饲料工厂，达到无臭、无味、无害化的目的，是一种无污染、无排放的、无臭气的新型环保生态养猪技术，具有成本低耗料少、效益高、操作简单、无污染等优点。

山东省不少地方运用微生物发酵自然养猪技术进行了生态养殖。采用地下式发酵床，单个猪舍每隔4m用80cm高铁丝网间隔加固。猪生活在有机垫料上面，猪的排泄物被有机垫料里的微

生物迅速降解、消化，不再需要对猪的排泄物进行人工清理，达到零排放，生产有机猪肉，同时减少了对环境的污染"生态养猪"圈舍实景见图6-3。

图6-3 "生态养猪"圈舍实景

有机垫料所用原材料为农作物下脚料如：谷壳、秸秆、锯末、树叶等，还需少量的鲜猪粪、米糠、生物添加剂（洛东酶素）。另外，饲料中也需要少量的生物添加剂。不同季节所需的材料比例见表6-1。

不同季节所需的材料比例 表6-1

原料		谷壳(%)	锯末(%)	鲜猪粪(%)	米糠(kg/m^3)	洛东霉素(g/m^3)
比例	冬季	40	40	20	1.5	90
	夏季	50	40	10	1.0	90

注：夏季不使用生猪粪制作垫料，但需适当增加优质米糠用量。

（8）沼液有哪些综合利用新技术

① 用沼液制作棉花营养钵，能防治棉苗立枯病、蚜虫、地老虎、蚯蚓等病虫的危害。移栽后，棉苗生长快，比普通育苗法提前2～3天长出真叶，而且棉苗粗壮，配合其他措施，棉花可增产10%。

②用沼渣制作玉米营养土能使苗转青快,发病率低,配合其他措施,可使玉米增产10%左右。制作的方法是:将沼渣与一般泥土按6∶4的比例混合。这种混合土即可用来进行玉米育苗。播种后,用泼有沼液的细土覆盖。当玉米苗长出2~3片真叶时进行移栽。[23]

③用沼肥(含有沼渣、沼液)养鱼,是将沼肥施入鱼塘,为水中的浮游动、植物提供营养,增加鱼塘中浮游动、植物产量,丰富滤食性鱼类饵料的一种饲料转化技术。沼肥养鱼有利于改善鱼塘生态环境。沼肥养鱼可增产12%,提高优质鱼比例。沼肥施入鱼塘,不再发酵,降低了泛塘死鱼的可能性,同时能减轻锚头鳋、中华鳋、赤皮病、烂鳃、肠炎等常见病虫的危害。用沼肥在稻田养鱼,鱼养稻、粮食增产,鱼丰收。

2. 生态环境保护的工作重心在哪儿

当前农村生态环境保护的主要任务是,防治农业生产和农村生活污染,综合整治乡镇环境,促进自然资源的合理开发利用,维护农村重要自然生态系统的良性循环,提高城乡居民的生活环境质量,确保农村经济社会的健康、持续发展。

东部和中部地区要加大农村特别是城镇、村庄环境综合整治的力度,加强重点流域和区域污染物排放总量面源污染和生态破坏的控制,努力做到生态环境质量与人民生活水平相适应,并通过生态示范区的建设,探索区域社会经济可持续发展的有效途径;西部地区要以西部开发的生态环境保护为重点,做好特殊生态功能区和资源开发区生态环境的保护和监管,积极开展生态保护与建设脱贫示范,为国家西部发展战略的顺利实施奠定基础,积累经验。

西部地区的生态环境建设是全国生态环境建设的重要组成部分。由于西部地区的地域广阔,是我国水土流失、荒漠化、沙化等严重生态环境问题的主要发生地区,而且西部地区是我国长江、黄河的发源地,也是两大河流泥沙的主要来源。所以,西部地区的生态环境建设与全国的生态环境建设密切相关。无论是全国的生态环境建设规划,还是水利、农业、林地、环保部门的生态环境建设规划,都将西部地区作为优先实施的重点地区。

三、发展生态农业工程,加强生态环境保护

1. 生态农业模式具体内涵是什么

生态农业是以综合农业发展(包括农、林、牧、副、渔及加工)为框架,合理配置各种资源。因此,生态农业工程是全面规划、相互协调的整体农业。

生态农业具有明显的区域特色。它们是根据当地具体的自然条件、经济状况和技术水平而设计的,其模式具有多样性、层次性。

2. 我国现有主要生态农业模式有哪些

经过20多年的实践探索和不断完善,生态农业如今已成为我国农业实现可持续发展的典型模式。我国生态农业模式主要有以下类型:

(1) 什么是北方"四位一体"生态农业模式

北方"四位一体"生态农业模式见图6-4。

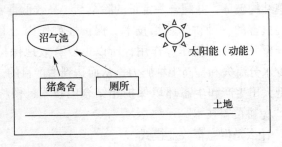

图6-4 "四位一体"生态农业模式

北方"四位一体"生态农业模式是针对北方冬季第一、第二性生产难以进行,沼气池难以越冬,农业废弃物不能充分利用,农民冬闲以及农村厕所不卫生等一系列问题,依据生态经济学原理,运用系统工程方法创造的一种农业生态模式。

它是一种庭院经济与生态农业相结合的新的生产模式。它以太阳能为动力,以沼气为纽带,种植业和养殖业相结合,通过生物质能转换技术,在农户的土地上,在全封闭的状态下,将沼气池、猪禽舍、厕所和日光温室等组合在一起,所以称为"四位一体"模式。[23]

(2) 什么是平原农林牧加复合生态模式

该模式是把农业生产、畜牧生产、农副产品加工、运销、生产资料的供应及服务业等,按照一定的组合方式有机结合起来。包括粮饲—猪—沼—肥生态模式,林—果—粮—经立体生态模式。

(3) 什么是生态种植模式

生态种植模式是利用当地现有资源,综合运用现代农业科学技术,在保护和改善生态环境的前提下,进行粮食、蔬菜等农作物高效生产的一种模式技术。该模式主要包括间套轮种模式、保护耕作模式、旱作节水农业生产模式、无公害农产品生产模式等。

其中,保护耕作模式是用秸秆残茬覆盖地表,通过减少耕作防止土壤结构破坏,并配合一定量的除草剂、高效低毒农药控制杂草和病虫害的一种耕作栽培技术。保护性耕作因为有根茬固土、秸秆覆盖和减少耕作等作用,所以可以有效地保持土壤结构、减少水分流失和提高土壤肥力,从而达到增产目的。该技术是一项把大田生产和生态环境保护相结合的技术,俗称"免耕法"或"免耕覆盖技术"。

(4) 什么是生态畜牧业模式

该模式是结合系统工程和清洁生产的理论和方法进行畜牧业生产的过程,其目的在于达到保护环境、资源永续利用的同时生产优质的畜产品。包括综合生态养殖场生产模式、规模化养殖场模式以及生态养殖场产业化开发模式。

建立生态农业养殖场要从大农业观点出发,以"整体、协调、循环、再生"为原则,建设粮、经、饲统等兼顾,畜、禽、渔、粮多场合一，加环延伸食物链、生产链，促进农业物质和能量的高级转化、多方位利用的农业经济增长方式，提高农产品的附加值，从而促使农业丰产丰收。

（5）什么是生态渔业模式

生态渔业是无污染的高效农业，它可使畜禽粪便及残饵、牧草和菜叶等成为鱼的饲料，鱼粪肥塘（田），塘底污泥则为农作物提供优质的有机肥料，形成良好的物质循环。如稻田生态渔业，鱼和蛙分别吃掉了水中和稻上的害虫，减少了病虫害，降低农药的施用量，减少了环境污染。在连片的养殖区还可逐步减少直至不施化肥和农药，建成无公害的农业园区，生产出无公害的绿色农产品，提高种养产品的效益。下面介绍生态渔业的几种好模式：

① 庭院生态渔业。在房前屋后的空隙地开挖池塘，面积几十至几百平方米，塘中养鱼、虾、鳖、蛙等，塘上搭棚架种瓜果，塘边建圈舍饲养畜禽，畜禽粪便及其残饵养鱼，鱼粪肥塘，塘底淤泥作为瓜果菜的优质有机肥料，形成一个良好物质循环庭院生态渔业模式见图6-5。

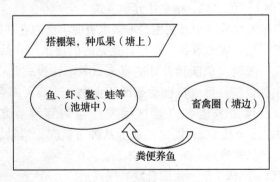

图6-5 庭院生态渔业模式

② 池园生态渔业。在旱地里开挖池塘，面积400~800m²，利用挖出的土铺垫成3~5m宽的池埂，称之为"小池塘，宽池埂"，池塘与坎面宽的面积比例一般为7:3。塘中主要养草食性

鱼类。埂上种植牧草、蔬菜、果树。牧草和菜叶喂鱼,塘泥作为作物肥料,形成种养结合的生态小园区。

③稻田生态渔业。在稻田中开挖占面积8%~10%的鱼坑或鱼沟,然后在鱼坑或沟边上搭架种瓜果,田坎上种植豆类或辣椒、茄子等蔬菜;或者在鱼坑上建圈舍养殖畜禽,以形成良好的生态系统。

(6)什么是观光生态农业模式

观光生态农业模式是指以生态农业为基础,强化农业的观光、休闲、教育和自然等多功能特征,形成具有第三产业特征的一种农业生产经营形式。包括高科技生态农业观光园模式、精品生态农业公园模式、生态观光村模式以及生态农村模式。

(7)什么是设施生态农业

设施生态农业是在设施工程的基础上通过以有机肥料全部或部分替代化学肥料(无机营养液),以生物防治和物理防治措施为主要手段进行病虫害防治,以动、植物的共生互补良性循环等技术构成的新型高效生态农业模式。包括设施清洁栽培模式、设施种养结合生态模式、设施立体生态栽培模式。

【实例1】鱼、鸭、猪立体养殖模式

海南东方黎族自治县利用当地淡水资源丰富的有利条件,发展鱼、鸭、猪立体养殖业,使昔日荒芜的山塘水库和低洼田块,如今呈现一派鸭欢鱼跃猪儿壮的喜人景象。该模式是在堤上养猪,塘中养鱼鸭,形成良性动态循环食物,达到了综合利用的效果。该县仅带乡上红兴管区已发展鱼鸭猪混养水塘面积$66.7hm^2$,占全县1/3,同时形成了从种苗供应、饲料加工、防病治病到产品销售的一条龙服务体系。

【实例2】林、果、菜综合发展模式

四川米易县针对全县河谷、低山、中山和高山的不同气候带,规划出"山顶造林、山腰中果茶、山脚果菜养畜"的立体布局,先后建成优质高产吨粮田、甘蔗、蔬菜、亚热带水果、林业五大商品生产基地。该模式现已在四川省的成都平原、盆地丘陵区、盆周山区、川南山区、川西北高原五大自然经济区推广。

【实例3】林、鱼、鸭、鸟"生物链"模式

湖北天门市石河镇利用其境内的一片沼泽荒芜湖,结合已有84万株池杉和1.5万株水杉的材林基地,建立起北港湖666.7hm^{2}的人工生态农业基地。

该生态农业基地实行林、鱼、鸭、鸟共生,即在林间开槽,筑堤灌水,水中长树,水上养鸭,水下养鱼,鱼粪肥树,树叶肥水,树荫栖鸟,鸟粪喂鱼。通过长短互促和生态与经济系统的良性循环,实现经济、生态、社会三大效益的统一。

第七章 农村土地资源管理

第一节 土地资源管理

土地资源管理是指国家为维护土地所有制，调整土地关系，监督土地利用，提高土地资源利用的经济效益、社会效益和生态效益，而采取法律、行政、经济、技术等手段，对土地资源利用实施的计划、组织、控制等综合性活动。我们可以借助下面的表格来理解土地资源管理的含义（表7-1）。

土地资源管理的含义　　　　　　表7-1

土地资源管理的含义	管理者	国家委派国务院土地行政主管部门管理全国土地
	管理对象	土地管理活动管理的是土地，以及因为土地利用而产生的人与人、人与地、地与地之间的关系
	管理的基本任务	土地管理的基本任务是维护土地所有制、调整土地关系和监督土地利用；其目标是不断提高土地利用的生态效益、经济效益和社会效益
	管理手段	管理的手段有法律、行政、经济、技术等多种形式
	管理的职能	土地管理的职能是对土地利用及管理进行计划、组织与控制，确保实现土地管理目标
	管理的目的和特点	土地管理的目的和特点受社会制度、土地制度等社会环境的制约。我国是社会主义国家，实行社会主义土地公有制，我国土地管理除了要最大限度地提高土地利用综合效益外，还要维护社会主义土地公有制，为有计划地、合理地利用土地提供保证

第二节 土地管理制度

一、什么是土地制度

什么是土地制度呢？它是指在一定的社会经济条件下，由于土地归谁所有和由谁利用问题而产生的所有土地关系的总和，是关于土地这一基本生产资料的所有、使用、管理的原则、方式、手段和界限等的法律规范和制度化体系。它反映着因利用土地而产生的人与人、人与地之间的社会经济关系。土地制度包括土地所有制度（土地归谁所有）、土地使用制度（土地由谁使用，如何使用）、土地规划制度、土地保护制度、土地征用制度、土地税收制度和土地管理制度等。

二、土地归谁所有

咱们农民整天生活劳动在土地上，咱们种的地是谁的呢？是政府的吗？是个人的吗？是村里的吗？这就涉及到土地所有制的问题。土地所有制是指在一定的社会经济条件下，国家对人们在什么条件下，以什么形式和通过什么程序拥有土地的规定。它表明了土地的分配问题，也就是说，土地应该归谁所有，谁应该享有土地的责任、权力、利益。土地所有制在法律上表现为土地所有权，即土地所有者对其土地享有占有、使用、收益和处分的权利。

明白了什么是土地所有制，再来看看我国的土地归谁所有。我国的土地所有制是社会主义土地公有制，它包含以下几个方面的含义：① 我国全部土地实行的都是社会主义公有制。土地的社会主义公有制分为全民所有制和劳动群众集体所有制两种形式。② 土地的社会主义全民所有制，具体采取的是社会主义国家所有制形式，由国家代表全体劳动人民占有属于全民的土地，行使占有、使用、收益、处分等权利；土地的社会主义劳动群众集体所有制，具体采取的是农村集体经济组织的农民集体所有制的形式，农村集体经济组织代表该组织的全体农民占有属于该组织的农民集体所有的土地，并对该集体所有的土地行使经营和管理权。③ 城市（含建制镇、独立工矿区）建成区范围内的土地全部属于国家所有。④ 农村和城市郊区的土地，有的属于国家所有，有的属于农村集体所有；除由法律规定属于国家所有的以外，都属于农民集体所有（包括村农民集体和乡镇农民集体）。⑤ 我国实行国有土地有偿使用制度。

通过上面的分析，我们可以看出我国土地所有制度有这样的特点：全部土地属于国家和农民集体所有，土地所有权不得买卖和非法转让。

三、土地如何使用

既然我们国家的全部土地都属于国家和农民集体所有，那么，这些土地该如何使用呢？

我们先来看一下我国实行的是什么样的土地使用制度。土地使用制度是指在一定的土地所有制下，国家对人们在什么条件下，以什么形式和通过什么样的程序来使用土地的规定，它指出土地由谁使用，谁享有土地的责任、权力和利益。国家规定土地使用制度的目的，是要通过它来确定与土地所有权相互独立的土地使用权，以解决土地资源的合理与有效利用问题。土地使用权是依法对土地进行利用、管理并取得收益的权利，土地使用制度通过土地使用权来体现。

由于我国的全部土地都属于国家和农民集体所有，因而我国的土地使用制度也就包括城镇国有土地使用制度和农村集体土地使用制度两种形式。

我国对城镇国有土地使用制度是如何规定的呢？我国的城镇国有土地使用制度有哪些特点呢？我国坚持城镇土地的国家所有制，在土地公有制的基础上实行土地所有权与使用权的分离，实现土地有偿使用并将土地使用权作为商品纳入市场经济运行的轨道，通过市场优化土地资源配置，并使土地所有权在经济上得以实现。具体说就是：国家为了便于宏观调控，由政府垄断经营土地使用权的出让，政府以协议、招标、拍卖的方式，将规定了使用期限和用途的土地提供给土地使用者，使用期满将土地及地上建筑物与其他附着物收回。土地使用权转让则充分利用市场机制，在使用期内允许其转让、出租、抵押等其他经营活动，国家利用价格、税收等方式来调控这些活动。

那么，我国对农村集体土地使用制度又有什么样的规定呢？它又有什么样的特点呢？我国规定，农村的土地属于农村集体所有，农民集体所有的土地由本集体经济组织的成员承包经营，也可以由本集体经济组织以外的单位或个人承包经营，从事种植业、林业、畜牧业、渔业生产。在承包过程中，发包方和承包方应当订立承包合同，来约定双方的权利和义务。

四、土地管理的内容任务和手段

土地国家管理制度是指国家对全国（或某一区域）的土地，在宏观上进行管理、监督和调控的全部制度、机构和手段。我国的土地国家管理由中央政府和各级地方政府来实施（表7-2，表7-3，表7-4）。

土地管理的内容　　　　　　　表7-2

土地管理的内容	土地权属管理	国家采取措施，对土地所有权和使用权做出必要的限制，确认和保护土地所有者和使用者的合法权益，调整土地所有权和使用权关系
	土地利用管理	国家对土地利用进行管理，通过一系列法律、法规和政策，采用行政的、经济的和规划计划等手段，确定并调整土地利用的结构、布局和方式，对土地的开发、利用、整治和保护进行计划、组织、控制

土地管理的任务　　　　　　　　　表 7-3

土地管理的任务	保护土地所有权与使用权	土地所有权和使用权是土地制度的主要法律体现，因此依法保护土地所有者和使用者的正当权益是维护土地制度的关键。国家还要从整个社会利益出发，对土地所有权的权能范围、行使方式、出让条件和土地使用权的权能范围、土地利用方向、转让条件等进行必要的限制，以使土地所有权和使用权的行使有利于整个社会经济的健康发展
	调整土地关系	国家对土地所有权和使用权的变动进行管理、监督和调控，避免盲目性，防止权属混乱及纠纷
	合理配置和保护土地资源	国家要保证土地资源在国民经济各个部门和各个使用项目上的合理分配与有效利用，防止土地资源的闲置与浪费
	实施土地有偿使用制度	保证国有土地的地租收归国家，通过土地税收和土地有偿使用集中国家财政资金

土地管理的手段　　　　　　　　　表 7-4

土地管理的手段	行政手段	国家通常要采取土地登记和分类统计等行政手段来对土地实施管理
	政策手段	国家根据土地管理的目标和各阶段的具体情况，制定必要的政策（如鼓励土地开发政策、土地税收政策等）来管理土地，以正确处理各方面的土地关系，调动土地所有者和使用者及其他人的积极性，管好、用好土地
	立法手段	国家通过制订完备的土地管理法律、法规，为有关部门管理土地提供法律依据，对土地的所有者和使用者及其他人的土地使用行为进行约束
	司法执法手段	土地管理部门协同政法部门，对土地管理的法律、法规的执行情况进行检察、监督，查处土地违法案件等，以保证有关土地法律、法规的实施
	计划规划手段	国家和地方制定并实施土地利用长远计划、近期计划及其空间布局规划，来保证有计划地利用土地资源，优化土地利用结构和空间布局

续表

土地管理的手段	经济手段	通过实行土地有偿使用、征收土地税费、开放土地市场等形式，促进土地资源的合理分配与使用，并集中土地开发建设的资金
	技术手段	土地调查、土地评价与土地信息等是土地管理的技术手段
	其他手段	国家通过宣传教育，提高人民群众的国土观念、生态平衡观念，普及土地管理与利用的法律、法规知识，同时加强土地科研和技术培训，提高土地管理干部和人民群众的素质

五、土地权属管理制度

土地权属管理，是国家为合理地组织土地利用，调整土地关系，依法对土地所有权和使用权进行的管理。土地权属管理包括对土地权属（土地所有权和土地使用权）的确认、流转及收回的管理。

1. 土地权属如何取得、确认与收回

我国的全部土地属于国家和农民集体所有，而且，土地所有权和使用权可以依法相互分离，因此，对土地权属的管理分为对土地所有权和使用权管理两方面的内容。

（1）土地所有权的确认

我国目前的国有土地所有权，是在新中国成立前后，国家通过颁布和实施一系列的法律、法令、条例等，采取接管、没收、赎买、征用以及法律宣布等形式，逐步建立起来的。

农民集体所有的土地，由县级人民政府登记造册，核发证书，确认所有权。

（2）土地使用权的取得与确认

取得国有土地的使用权，可以通过有偿取得、无偿取得和依照法律、政策规定取得等方式。有偿取得是指土地使用者通过向国家缴纳土地有偿使用费,取得国有土地使用权的方式。有偿方式中又包括土地使用权出让、土地使用权作价入股、土地使用权出租等具体方式。无偿取得是指土地使用者在没有缴纳国有土地使用费的情况下,由国家通过行政划拨的方式而取得国有土地使用权。《土地管理法》第54条规定,下列建设用地,经县级以上人民政府依法批准,可以划拨方式取得:国家机关用地和军事用地;城市基础设施用地和公益事业用地;国家重点扶持的能源、交通、水利等基础设施用地;法律、行政法规规定的其他用地。依照法律、政策规定取得,《土地管理法实施条例》第17条规定:"开发未确定土地使用权的国有荒山、荒地、荒滩从事种植业、林业、畜牧业或渔业生产的,经县级以上人民政府批准,可以确定给开发单位或者个人长期使用,使用期限最长不得超过50年。"

取得国有土地使用权,还要按照法律程序进行确认。《土地管理法》第11条规定,单位和个人依法使用的国有土地,由县级以上地方人民政府登记造册,核发证书,确认使用权。确认林地、草原的所有权或者使用权,确认水面、滩涂的养殖使用权,分别依照《森林法》、《草原法》和《渔业法》的有关规定办理。

集体土地使用权的建立与确认同样有法律规定。《土地管理法》第11条规定:"农民集体所有的土地依法用于非农业建设的,由县级人民政府登记造册,核发证书,确认建设用地使用权。"

农民承包地使用权的确认,依据《土地管理法》第14条规定:"土地承包经营期限为30年。发包方与承包方应当订立承包合同,约定双方的权利和义务,农民的土地承包经营权受法律保护"。

(3)土地使用权的收回

对于国有土地,人民政府依照法律的规定,可以收回用地单位和个人的国有土地使用权。《土地管理法》第58条规定,有下列情形之一的,由有关人民政府土地行政主管部门报经原批准用地的人民政府或者有批准权的人民政府批准,可以收回国有土地使用权:为公共利益需要使用土地的;为实施城市规划进行旧城区改建,需要调整使用土地的;土地出让等有偿使用合同约定的使用期限届满,土地使用者未申请续期或者申请续期未获批准的;因单位撤销、迁移等原因,停止使用原划拨的国有土地的;公路、铁路、机场、矿场等经核准报废的。

对于集体土地,《土地管理法》第65条规定,有下列情形之一的,农村集体经济组织经原批准用地的人民政府批准,可以收回土地使用权:为乡(镇)村公共设施和公益事业建设,需要使用土地的;不按照批准的用途使用土地的;因撤销、迁移等原因而停止使用土地的。

2. 土地使用权流转

城镇国有土地使用权流转,主要有国有土地使用权出让、转让、出租和抵押等方式。

农村集体土地使用权可区分为农用地使用权和非农用地使用权,农用地使用权流转主要指土地承包经营权流转。党的十七届三中全会决定提出:"加强土地承包经营权流转管理和服务,建立健全土地承包经营权流转市场,按照依法自愿有偿原则,允许农民以转包、出租、互换、转让、股份合作等形式流转土地承包经营权。"

农村土地承包经营权流转的形式见表7-5。

3. 土地征用管理

土地征用是指国家为了社会公共利益的需要,依法将农民集体所有的土地变为国有土地的行为。土地征用,实质上就是将待征土地的集体所有权转变成了国有土地所有权。

土地征用过程中,要由土地管理部门对建设项目进行预审,对建设用地申请进行审查,制订合理合法的征地方案,然后逐级上报审批,获得批复后实施征地。在土地征用过程中,要视情况对因土地被征用而造成经济损失的农村集体经济组织、土地承包

农村土地承包经营权流转形式　　　　　表 7-5

	形式	含义
农村土地承包经营权流转形式	转包	农户将自己的承包地，通过协商，转包给其他农户经营，收取一定的转包金，流转费用较低
	出租	农户将承包地租赁给种养大户、企业、专业合作社等单位或个人经营
	互换	在承包期内，农户之间为了便于耕种管理等需要而相互交换其承包地经营权
	转让	土地使用者在获得一定期限的土地使用权，投资开发后，将剩余期限的土地使用权再转移。例如，农户在获得"四荒"地使用权，经过一段时间投资开发后，向其他农户转让余期土地使用权
	股份合作	农民在自愿互利原则下，以土地使用权折价入股，成立土地股份合作社或股份公司及其他方式进行联合经营

者或土地使用者，给以征地补偿，用于再生产投资，或安置以被征土地为主要生产资料并取得生活来源的农业人口的生活。

近年来，各地探索各种形式的土地承包经营权流转方式，取得了较好的成效。如浙江、江苏等地的土地股份合作社、股份公司等；重庆还明确允许以农地经营权入股成立专业合作社，有限责任公司和独资、合伙等各种企业。

4．土地权属纠纷调处

调处土地权属纠纷应遵循一定的原则，其中主要包括：维护社会主义土地公有制，保护土地所有者和使用者合法权益；坚持以事实为依据，以法律为准绳；有利于团结，有利于合理利用土地；远期证据服从近期证据。

调处土地权属纠纷时，一般按以下程序进行：

首先由当事人协商解决。由当事人在自愿、互谅基础上，在不损害他人权益的前提下，直接进行磋商，自行解决纠纷。协商解决后,当事人双方应签订协议。该协议由当事人自愿执行,没有法律约束力。如果当事人一方后悔,拒绝执行,另一方可以诉请人民政府土地管理部门进行调处。

在上述程序未果时,可由人民政府调处。单位之间的争议,由县级以上人民政府处理;个人之间、个人与单位之间的争议,由乡级人民政府或县级以上人民政府处理。当事人对有关人民政府的处理决定不服的,可以自接到处理决定通知之日起30日内,向人民法院起诉。在土地所有权和使用权争议解决前,任何一方不得改变土地利用现状。人民政府土地管理部门受理土地纠纷,一般采用调解和裁决两种方式调处。

六、土地利用管理制度

国家对土地的利用也制定了相应的管理制度,包括土地的利用规划计划管理制度、土地利用保护制度、土地用途管制制度以及土地利用监督和调控制度等。

1. 土地利用规划与计划管理

国家或地方政府为了在国民经济各部门间合理地配置土地,通常通过编制和执行土地利用总体规划和土地利用年度计划的办法,来加强土地利用的宏观调控。

(1) 土地利用规划管理

各级人民政府在国家有关法规及方针、政策和计划的指导下,在本行政区域内,编制土地利用规划,组织土地利用,调整土地关系,合理地在国民经济各部门、各单位间配置土地资源,建立科学的土地利用结构与土地组织形式,在较少的投入下获得最大的综合效益。

土地利用规划有很多种,一个区域可以有土地利用总体规划、一个行业可以有用地内部规划,一个用地单位也应该有土地规划。其中,土地利用总体规划是最根本的土地利用规划。在我国,土地利用规划是政府配置土地资源的重要措施,土地利用总体规划是土地利用管理工作的重要内容和关键环节(表7-6)。

土地利用规划的种类 表7-6

	规划种类	规划内容
土地利用规划的种类	土地利用总体规划	是人民政府依照法律规定在一定的区域内，根据国民经济和社会发展规划、土地供给能力以及各项建设对土地的需要，确定和调整土地利用结构、用地布局的总体战略部署。土地利用总体规划由各级人民政府组织编制。我国目前的土地利用总体规划按行政区域划分为全国、省（区）、地（市）、县（市）和乡（镇）五个层次
	土地利用专项规划	是依据土地利用总体规划，针对土地开发、利用、整治和保护的某一专门问题或某一产业部门的土地利用问题而进行的规划。我国目前的土地利用专项规划可分为土地保护性规划和部门规划两类
	土地利用详细规划	是在总体规划指导下，详细规定各类用地的各项控制指标和规划管理要求，或直接对某一地段、某一土地使用单位的土地利用做出具体的安排和设计的规划。它一般以土地所有单位、使用单位或土地利用区段为单位进行，如农场、果园、村庄用地规划等

（2）土地利用计划管理

土地利用计划管理，是为合理有效地利用土地，各级人民政府对各类土地开发、利用、整治和保护作出计划，据此进行宏观性行政调节的一种手段。其主要任务是政府从国家利益的全局出发，根据国民经济和社会发展的需要，以及土地的自然特性和地域条件，对土地资源的开发、利用、整治和保护进行统筹安排，综合平衡和计划分配，以达到充分发挥土地资源利用效益、合理利用土地的目的。

土地利用计划主要由农业生产用地计划、建设用地计划和土地开发整理计划等组成。土地利用管理会随着经济社会发展的不同阶段而变化，因此政府需要根据实际情况，适时调整计划内容。根据不同的土地利用性质，可以编制土地开发、利用、整理和保护计划；根据不同的期限，可以编制长期、中期和年度计划；还可以编制城镇、乡村土地利用计划等。

2. 土地用途管制制度

土地用途管制，是国家为保证土地资源的合理利用，通过编制土地利用规划、依法划定土地用途分区，确定土地使用限制条件，实行用途变更许可来加强土地管理的一项强制性管理制度。

在我国，土地用途管制的核心是耕地总量控制制度，要保证耕地总量不减少、质量不下降，国家重点按照划定土地用途分区的土地利用规划，加强农用地的管制和非农用地的管制。

（1）农用地管制

农用地管制实际上是对农用地转移的管制，就是说，通过设定条件来限制农用地用途的改变，尽可能地减少农用地转为其他用地。农用地管制分为限制转移管制和许可转移管制两类。

限制转移管制是政府依据土地利用总体规划，划定一定数量的农用地（主要是耕地）作为特殊保护的区域严格加以管制。目前我国实行基本农田保护制度，在农用地中划定基本农田保护区就属于这一类。对这类特殊保护的区域，不得进行任何形式的转用，若要转用，必须履行严格的审批程序，并缴纳高额补偿费用以再造同等数量、质量的农用地，以保持农用地保有量的平衡和稳定。

许可转移管制是根据规划的布局，在一定的条件限制下，允许一部分农地转变为规定的用途。这类管制包括三种情况：一是农用地内部转移管制，主要是耕地向其他农业生产用地的转移；二是农用地向非农用地的转移管制；三是耕地后备资源的开发转移管制。

（2）非农用地的用途管制

非农用地用途管制的重点是非农建设用地的用途管制，主要包括增量非农建设用地的用途管制和存量非农建设用地的用途管制，其中增量非农建设用地的用途管制与农用地许可转移管制密不可分。

存量土地的用途管制是对存量建设用地利用结构调整和利用方式置换的管制，实际上就是盘活存量建设用地。存量建设用地主要指非农建设闲置或低效利用，在现有经济技术条件下，可挖潜利用的土地，包括破产、停产、半停产企业用地、征而未用、占而未用闲置土地以及城镇内部因规划调整可挖潜改造、利用的土地等。

除此之外，对未利用土地也要实行用途管制，使其开发科学合理，符合经济发展和生态环境保护的要求。

3. 土地利用监督与调控管理

土地利用是不是科学合理，是不是符合法律规定，需要土地管理部门对土地的利用状况进行监督，并加以适当的调控。对土地利用进行监督与调控管理，主要是通过监督管理土地利用规划、计划实施情况以及土地利用实际情况，及时根据变化了的情况调整土地利用规划、计划和土地利用措施，保护土地资源，提高土地资源利用效益。

第三节 地籍管理

我们在承包土地、申请宅基地时，村集体要对我们承包的土地或申请的宅基地给出明确的位置、面积大小，并设定界桩等，并在村集体的土地簿册上记清楚。像这样记载土地的位置、界址、数量、质量、权属和用途（地类）等基本状况的簿册（含图）就是地籍。

一、地籍管理概述

1. 什么是地籍管理

国家和各级政府为了获取土地的位置、权属、界址、数量、质量、用途等信息，建立完整的地籍图、簿册，就要按统一的方法、要求和程序,实施一系列行政、经济、法律和技术的工作措施,由这些工作措施组成的管理体系就是地籍管理。

2. 地籍管理的任务和内容

我国地籍管理的根本任务是,为巩固和发展社会主义土地公有制,保护土地所有者和使用者的合法权益,促进土地的合理开发、利用、编制土地利用年度计划、土地利用总体规划,制定有关土地政策、法律等,提供、保管、更新有关土地自然、经济、法规方面的信息。

我国地籍管理的主要内容包括土地调查、土地分等定级估价、土地登记、土地统计及地籍档案管理等。地籍管理内容随着社会经济的发展和国家对地籍资料需求的增长而不断变化和完善。

二、土地调查

要做好土地管理工作,首先要查清土地的位置(界线、四至)、利用类型、数量、质量和权属状况,从而为土地管理提供基础资料。为了这样的目的而进行的调查就是土地调查。土地调查包括土地利用现状调查、地籍调查和土地条件调查。

地籍调查是指调查土地的权属状况,测量土地界线、面积等,查清每一宗地的位置、权属、界线、面积和用途等基本情况,并将这些情况表示在图、簿上的工作,地籍调查是土地登记的基础。

土地利用现状调查目的是查清各村和各权属单位的土地总面积和分类面积及其分布状况,并逐级汇总各乡镇、县市行政区的土地总面积和分类面积及其分布状况,为土地登记、统计和科学管理土地提供依据。

土地条件调查主要是对土地的自然条件(如土壤、地形地貌、水文、植被、农作物、气候等)和社会经济条件(如人口、资源、土地利用经济水平等)进行的调查,并据此评定土地质量,进行土地分等定级估价。

三、土地分等定级

在日常生活中,我们常常说"这块地是好地","那块地是薄地",这是我们对土地质量状况粗略的一种区分。要详细科学地区别每一块土地质量的好坏,就要通过土地分等定级来实现。

土地分等定级是为获得土地质量状况,在一定的土地利用目的下,通过对土地的自然状况和经济条件进行综合鉴定,并对鉴定结果分成不同的等次和级别的过程。同一块土地利用目的不同,会有不同的等级,比如说,一块容易积水的洼地,如果用来种植作物,可能属于劣等地,而如果用于水产养殖,又会是一块优等地。

1. 土地分等定级的类型

由于土地等级受到许多条件的影响,不同的利用方式、不同的区域,都会使土地等级产生差别,因此,土地分等定级又区分为不同的类型。按照城乡土地的不同特点,土地分等定级可以分为城镇土地分等定级和农用土地分等定级。

城镇土地分等定级就是根据城镇土地的经济和自然两方面的条件和特性,及其在社会经济活动中的地位和作用,综合评定和划分城镇土地等级。城镇土地等级反映出城镇不同区位(社会经济等活动在空间上的分布位置)条件下,土地价值的差异规律。农用土地分等定级则是根据农用土地的质量或综合生产能力及其在社会经济活动中的地位和作用,综合评定和划分农用土地等级。农用土地分等定级成果直接为指导农用土地利用和农业生产服务。

2. 土地分等定级的等级体系

土地分等定级评价的结果反映土地质量的差异,这种差异采用"等"和"级"两个层次的体系来划分。

农用土地等别划分是依据构成土地质量的稳定的自然条件

和经济条件，在全国范围内进行的农用地质量综合评定。农用地等别划分侧重于反映因农用地在不同区域潜在的（或理论上的）自然质量、平均利用水平和平均效益水平的不同，而造成的农用地生产力水平差异。农用地等别在全国范围内具有可比性。

农用地级别划分是依据构成土地质量的自然因素和社会经济因素，在行政区（省或县）内进行的农用地质量综合评定。农用地级别划分侧重于反映因农用地现实的（或实际可能的）区域自然质量、利用水平和效益水平不同，而造成的农用地生产力水平差异。农用地级别在县级行政区内具有可比性。

城镇土地等反映全国城镇之间土地质量的地域差异。它是将各城镇看作一个点，研究整个城镇在各种社会、自然、经济条件影响下，从整体上表现出的土地质量差异。土地等的顺序在全国范围内的各城镇之间统一排列。城镇土地级反映城镇内部土地的区位条件和利用效益的差异。它是将每个城镇看作一个面，通过分析投资于该城镇内部不同地段的土地上的资本、自然条件、经济活动程度和频率等条件得到的土地收益的差异，并据此划分出土地级别的高低。土地级的顺序在每个城镇内部统一排列，不同城镇的土地级别不具有可比性。

3. 土地分等定级的方法

目前的土地分等定级主要是由土地管理部门组织，委托科研机构或与科研机构合作开展的。土地分等定级的方法目前主要有三种，即多因素综合评定法、级差收益测定法和地价分区定级法。

四、土地登记管理

土地登记是国家依照法定程序将土地的权属关系（所有权、使用权和他项权利）、用途、面积、使用条件、等级、价值等情况记录在专门的簿册上，以确定土地权属，加强政府对土地的有效管理，保护权利人对土地的合法权益的管理制度。我国目前主要登记国有土地使用权、集体土地所有权、集体土地使用权和他项权利等。经过登记的土地所有权、使用权和他项权利受到法律的保护。由此可见，土地登记是维护国家、集体和个人土地权利的基础工作，我们一定要积极支持这项工作（图7-1）。

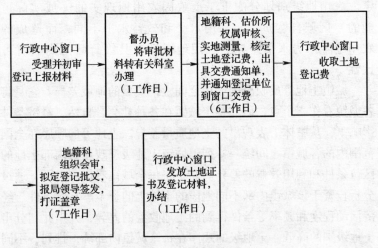

图7-1 某市土地登记运作程序及时限

第四节 土地经济管理

所谓土地经济管理，就是运用经济手段和方法来管理和保护土地，调节和引导土地利用活动，实现对土地资源的配置、开发、利用、整治和保护的管理工作，目的是维护土地所有者、使用者的合法权益，提高土地利用的综合效益。

国家在实施土地经济管理的时候，依据的是地租和地价理论，采用的是经济手段。土地经济管理的手段（经济杠杆）有多种（表7-7）。

土地经济管理的手段（经济杠杆） 表 7-7

财政杠杆	即国家通过财政拨款来实现对土地利用的宏观控制，如国家投资引导复垦土地、兴修大型水利工程、城市建设等
地租地价杠杆	即国家通过采用地租、地价杠杆，实行土地有偿使用，使土地所有权在经济上得以实现；调整土地供需矛盾，使土地供需大体保持平衡；指导土地的合理分配和利用，优化土地利用结构；鼓励对土地的投入，提高土地利用的集约度
税收杠杆	国家通过采用不同的税种（耕地占用税等）、税率来引导土地开发利用。国家还通过不同的税率，控制人多地少地区耕地的减少
金融杠杆	金融机构通过银行信贷向用地单位提供资金，刺激用地单位对土地的投资。还可利用有弹性的利率，指导用地单位对土地的合理利用。用地单位也可通过金融市场，发行土地股票、债券，筹集土地资金，用于土地的基本建设

一、地租管理

我们知道，在旧社会，农民租种地主的土地要向地主缴纳地租。新中国成立以后，地租好像不存在了。其实，不管是在封建社会，还是在资本主义社会，就是在社会主义社会，地租始终是存在的。那么，地租是怎样产生的呢？社会主义国家又是如何运用地租手段管理土地的呢？

1. 地租的含义

旧社会地主出租他的土地，每年向农民收取的租子是地租。推而广之，地租是土地所有者出租他的土地每年获得的定额收入。地租产生的条件是土地的所有权与使用权相互分离，土地所有者可以不是土地的具体使用者，土地使用者也可以不是土地所有者。土地所有者的土地所有权通过出租使用权的形式，取得了收入，在经济上获得了实现。

2. 地租的类型

地租可分为级差地租、绝对地租和垄断地租。

级差地租是指那些利用生产条件较好的土地所得到的超额利润。土地私有权的存在，使级差地租为土地所有者占有。在社会主义条件下，级差地租为国家或集体所有。

级差地租是相对于最劣地而言的，所以又称为相对地租。但是，在旧社会农民租种了地主最劣等的土地也要缴纳地租，这就是绝对地租。它指的是由于土地所有权的垄断，任何一块土地，即使最劣等地，也绝对必须支付的地租。绝对地租产生的原因是土地所有权的垄断，以及土地所有权与使用权的相互分离。

如果说级差地租和绝对地租是正常形式的地租，那么，垄断地租是特殊形式的地租。垄断地租指因垄断了某些自然条件特别有利的土地，在该土地上能生产稀有的土特产品，这些产品能提供一个垄断价格，从而带来了一个相当大的超额利润。这些超额利润，因土地所有权的存在而转化为垄断地租。例如，某些土地能生产特殊的农产品或药材，某些矿山蕴藏稀有矿物或优质矿泉水等，因产品珍稀，同时存在较强的购买需求，从而产生了垄断价格。

二、地价管理

1. 什么是土地价格

经济学家认为，土地价格的高低，直接取决于地租的数量和银行存款利率的高低。用公式表示为：

$$土地价格 = 地租 \div 利息率$$

土地价格是在土地买卖过程中产生和存在的，其实质是土地所有权或土地使用权的转移在经济上的实现形式。我国法律规定，土地使用权可以出让和转让，出让的最高年限为 40 年、50 年、70 年……所以，在我国，比较有现实意义的是土地使用权价格。如果说，土地所有权的价格是按现值计算的今后无限年期的地租总额，那么，土地使用权价格就是按现值计算的一定年数的地租总额。

2. 土地价格的影响因素

我们知道，商品价格会受到多种因素影响，土地价格的影响因素更多更复杂，大致可归纳为以下三大类（表7-8）。

土地价格的影响因素　　　　　　　　　表7-8

土地价格的影响因素	一般因素	指对广泛地区地价高低有普遍影响的因素，如经济发展速度、城市化状况、社会安定状况、土地政策、土地投机等
	区域因素	指影响某个地区土地价格高低的因素，如位置、交通条件、经济繁荣程度、人口密度、治安状况、环境质量等
	个别因素	指那些影响个别宗地价格高低的因素，主要是宗地本身的条件，如宗地的位置、形状、方向、面积、离公共设施远近、城市规划分区、临街状态、环境条件、地势高低等

3. 我国的土地价格形式

目前我国地价主要包括以下几种形式：基准地价、标定地价、交易地价及其他价格形式。

基准地价是某一时间点的土地使用权价格，这一时点就是基准地价评估的基准日。基准地价的评估年期就是各类用地国有土地使用权出让最高年期。基准地价是一个区域内各类用途土地的平均价格。政府通过确定基准地价对地价进行宏观调控和管理；通过地价调整引导投资决策，促进土地有效利用；依据基准地价征收土地税，进行税制改革；在确定土地市场交易价及清产核资价等时以基准地价为基础。

标定地价是政府根据管理需要，评估的具体宗地在公开市场和正常经营管理条件下某一期日的土地使用权价格。标定地价是宗地地价的一种，由政府组织或委托评估并定期公布，作为土地市场管理的依据。

标定地价是政府出让土地使用权时确定土地出让金的依据，企业清产核资和股份制改造中确定土地资产的依据，国家核定土地增值税和税制改革的依据，还是政府制定土地市场管理政策的依据。

交易地价是指土地买卖双方按市场交易规则，在土地市场中实际成交的价格，即市场价格。它与基准地价、标定地价不同，它是已经实现了的土地价格。交易地价的形式很多（表7-9）。

交易地价的形式 表7-9

交易地价	土地使用权出让价格 指国家将一定年期的土地使用权出让给土地使用者，土地使用者向国家支付的一切代价（包括货币和实物）	拍卖地价	是以拍卖方式出让国有土地使用权，土地使用者所需支付的一切代价。目前，国家提倡用拍卖方式出让土地
		招标地价	是以招标方式出让国有土地使用权，土地使用者所需支付的一切代价
		协议地价	是以双方协议方式出让国有土地使用权，土地使用者所需支付的一切代价
	土地使用权转让价格		是指土地使用者之间依市场规则转移土地使用权，受让者向转让者支付的代价。转让市场中主体对客体的选择余地较大，交换较自由，相对于出让市场，市场竞争更充分
	租赁价格		是土地使用权人将土地使用权再转租给他人而获得的报酬。目前，我国的租赁行为较普遍，有以土地租赁和因房屋租赁而实现的土地租赁等多种形式。租赁价格一般由租赁双方自主确定
	地役权价格		是土地使用者为获得在他人土地上通行或通过等权利而支付的代价。地役权是为自己土地使用便利而在他人土地上设定的权利，如通行权、通过权等。通行权即需役地使用权人在供役地上通行的权利。通过权是需役地使用权人将某些管线设施通过供役地的地表、上空或地下而在供役地上设定的权利，如管道通过权、架线通过权

其他价格形式 表 7-10

其他价格形式	课税价格	是专为国家或地方政府征收土地税收而确定的价格。这种价格可以是交易价格、也可以是评估价格和申报价格。我国目前除土地增值税是以实际成交的土地价格增值为标的课税以外，还没有以评估的地价为标的的课税税种，因此，还没有专用的课税价格
	抵押价格	是土地作为信用担保而确定的价格。发放贷款时，银行为了减少自身的风险，一般要求贷款方以土地作为抵押。目前我国的抵押价格仅有土地使用权抵押价格和承租土地使用权抵押价格两种

4. 我国土地价格管理制度

目前我国的土地价格管理制度基本包括以下几个方面：

（1）土地估价制度

现在，土地估价已介入绝大多数土地交易，如企业股份制改造、土地抵押等，农村土地也已开展基准地价评估。通过对城乡土地进行基准地价评估和标定地价评估，为地价管理部门制定地价管理政策和对土地交易价格进行宏观调控提供了依据。

（2）估价机构和人员资格认证制度

开展土地价格评估，必须由专门的机构和专业人员进行，他们必须经过资格认证。目前，我国土地估价机构分 A 级、准 A 级和 B 级三类，对不同类型的估价机构的设立标准和从业范围进行了严格的规定。估价人员必须在相当学历的基础上参加专业考试，合格者经注册方可从事估价工作。

（3）基准地价和标定地价定期公布制度

基准地价和标定地价实行定期公布制度。基准地价和标定地价是城市政府管理地价的基本参照地价，也是房地产投资者进行投资决策的主要依据。为确保城市基准地价的科学性，国家土地管理部门还要求省会城市及计划单列市的基准地价成果要上报国土资源部进行审核与平衡。

(4) 地价监测体系

国土资源部在全国各城市建立了地价监测体系,快捷准确地了解各城市的地价状况,及时制定相应的地价管理政策,同时,利用监测数据编制全国地价指数,并定期发布。

(5) 土地供应计划制度和土地储备制度

我国实行土地供应计划制度和土地储备制度,每年进入一级土地市场的土地数量和时机要在政府计划的控制之下确定,同时,通过土地储备制度有效地调节土地供应。

(6) 土地交易最低限价制度

《房地产管理法》及相关法律法规规定,土地交易价格不得低于城市政府规定的标定地价,否则,政府有优先购买的权力。

(7) 土地增值税制度

我国土地增值税的征收对象是转让国有土地使用权及房地产并取得收入的单位和个人。土地增值税的实行有效地控制了土地价格的过快上涨。

三、土地税收管理

2005年年底,被我国农民称为"皇粮国税"并认为是"天经地义"的农业税全面停止征收。农业税实际上是一种土地税收,对土地所有者或使用者征收土地税是国家管理、调控土地的一种手段。

1. 什么是土地税收

土地税收是国家税收中最古老的一个税种,它是国家向土地所有者或土地使用者强制地、无偿地、固定地征收部分土地收益的一种税收,其征税对象是土地或土地改良物的财产价值,或财产收益,或自然增值。土地税收不只农业税一种,它有多种形式。

2. 我国的土地税种类

(1) 耕地占用税

耕地占用税是国家对占用耕地建房或者从事非农业建设的单

位和个人征收的一种税。它属于资源税，是为加强土地管理，保护耕地而设立的。凡是占用耕地建房或者从事非农业建设的单位或个人，都应该缴纳耕地占用税。

耕地占用税实行定额税率，而且是实行地区差别税率，根据不同地区人均占有耕地数量和经济发展状况规定不同的税率。耕地占用税税率分为四个档次（按以县为单位划分），交税率见表7-11。

耕地占用税税率 表7-11

人均耕地（亩）	每平方米交税（元）
1亩以下（含1亩）	10~50元
1~2亩（含2亩）	8~40元
2~3亩（含3亩）	6~30元
3亩以上	5~25元

农村居民占用耕地新建住宅，按当地适用税额减半征收。经济特区、经济技术开发区和经济发达且人均耕地特别少的地区，适用税额可以适当提高，但是提高的部分最高不得超过规定的当地适用税额的50%。

耕地占用税以纳税人实际占用耕地面积为计税依据，按照规定的适用税额一次性征收。

（2）城镇土地使用税

城镇土地使用税是国家在城市、县城、建制镇和工矿区范围内，对拥有城镇土地使用权的单位和个人，以其实际占有的土地面积为计税依据，按照规定的税额计算征收的一种税。

土地使用税的征税对象是税法规定的纳税区域内的土地。纳税人是实际使用土地的单位和个人。其计税依据是纳税人实际占用的土地面积，由省、自治区、直辖市人民政府确定的单位组织测量。

土地使用税采用分类定级的幅度定额税率，也叫分等级幅度税额。具体地说，按城市大小分四个档次，每平方米的年税额分别为：大城市1.5~30元；中等城市1.2~24元；小城市0.9~18元；县城、建制镇、工矿区0.6~12元。

土地使用税中有政策性免税、地方确定的免税和困难性及临时性减免税若干规定。土地使用税由土地所在地的税务机关征收。

(3) 土地增值税

土地增值税是对有偿转让国有土地使用权、地上建筑物及其他附着物产权并取得增值收益的单位和个人征收的一种税。

土地增值税的纳税人是有偿转让国有土地使用权、地上建筑物及其他附着物产权并取得收益的单位和个人。

土地增值税的征税范围包括有偿转让国有土地使用权、地上建筑物和其他附着物产权的行为。不包括继承、赠与等没有取得收入的房地产转让行为。

土地增值税的计税依据是转让国有土地使用权、地上建筑物及附着物产权所取得的增值额，增值额的计算采用扣除法或余额法，即增值额为转让房地产收入减去取得土地使用权时所支付的金额、土地开发成本、地上建筑物成本及有关费用、与转让房地产有关的税金以及财政部规定的其他扣除项目后的余额。为了合理计算增值额，存量房地产的成本按房屋及建筑物的评估价格（即重置成本价乘以成新折旧率后的价格）计算。

纳税人的收入包括转让房地产的全部价款及相关的经济效益，具体包括货币收入、实物收入和其他收入等。

计算增值额的扣除项目包括：① 取得土地使用权所支付的金额，指纳税人为取得土地使用权所支付的地价款和按国家统一规定缴纳的有关费用；② 开发土地和新建房屋及配套设施（以下简称房地产开发）的成本，指纳税人在房地产开发过程中实际发生的成本（以下简称房地产开发成本），包括土地征用及拆迁补偿费、前期工程费、建筑安装工程费、基础设施费、公共配套设施费、开发间接费用；③ 开发土地和新建房屋及配套设施的费用，指与房地产有关的销售费用、管理费用和财务费用；④ 旧房及建筑物评估价格，指在转让已使用的房屋及建筑物时，由政府批准设立的房地产评估机构评定的重置成本价乘以成新折扣率后的价格；⑤ 与转让房地产有关的税金，指在转让房地产时已缴纳的营业税、城市维护建设税、印花税，因转让房地产缴纳的教育费附加也可视同税金予以扣除；⑥ 财政部规定的其他扣除项目，主要是指从事房地产开发的纳税收入可按取得土地使用权所支付的金额和开发土地和新建房屋及配套设施的成本两项规定计算的金额之和，加计20%扣除。

土地增值税率实行四级超率累进税率：① 增值额未超过扣除项目金额50%的部分，税率为30%；② 增值额超过扣除项目金额50%，未超过100%的部分，税率为40%；③ 增值额超过扣除项目金额100%，未超过200%的部分，税率为50%；④ 增值额超过扣除项目金额200%以上部分，税率为60%。

(4) 契税

契税是以权属发生转移的土地、房屋为征税对象，向产权承受单位或人征收的一种财产税。契税属于财产转移税，由财产承受人缴纳。

契税的征税对象是发生土地使用权和房屋所有权权属转移的土地和房屋。其具体征税范围包括：① 国有土地使用权出让；② 土地使用权转让，包括出售、赠与和交换（不包括农村集体土地承包经营权的转移）；③ 房屋买卖；④ 房屋赠与；⑤ 房屋交换。

契税税率实行幅度比例税率，税率幅度为3%～5%。具体执行税率由省、自治区、直辖市人民政府在规定的幅度内，根据本地区的实际情况确定。

契税的计税依据按照土地、房屋交易的不同情况确定。

(5) 营业税、个人所得税与印花税

我国《营业税暂行条例》规定，在中国境内有偿销售不动产，必须交纳营业税。纳税人是销售不动产的单位和个人，税率为5%。纳税人转让土地使用权或者销售不动产，采用预收款项的方式。纳税人转让、出租土地使用权，应当向土地所在地主管税务机关申报纳税。纳税人销售、出租不动产，应当向不动产所在地主管机关申报纳税。我国《个人所得税法》规定，个人转让中国境内的土地使用权取得的所得，必须缴纳个人所得税，税率为20%。我国《印花税暂行条例》规定，办理土地使用证还必须缴纳印花税。

四、土地金融管理

土地金融是指以土地抵押权为担保的土地资金的筹集、融通等一切信用活动。土地金融的主要职能是筹集资金，为土地及其定着物的生产、经营和消费等环节提供资金支持，提供结算、咨询、工程概预算、项目评估等中介服务。

土地金融包括市地金融和农地金融两大类。

市地金融就是围绕城市土地及其建筑物的开发、经营和消费所进行的资金融通，包括：① 房地产取得金融，是对购买土地或建筑物（包括住宅）所进行的资金融通；② 房地产改良金融，是对土地及建筑物开发、建造所进行的资金融通；③ 房地产经营金融，是对土地及建筑物的经营，如租赁经营进行的资金融通。

农地金融是围绕农地开发、生产、经营所进行的资金融通，包括：① 农地取得金融，是对购买或租赁农地进行的资金融通；② 农地改良金融，是对农地的开垦、整治、农田水利、土壤改良等所进行的资金融通；③ 农地经营金融，是指对购买牲畜、肥料、农机具以及进行农业经营活动进行的资金融通。农地金融与市地金融相比，期限较长，盈利性较差，风险较大，政策性较强，所以通常由政策性专业银行经营，并需国家以信贷的途径提供补贴。

第五节 土地监察与督察

一、什么是土地法制管理

简而言之,土地法制管理就是国家运用立法、司法、行政执法等法律手段,对土地资源的利用和保护进行管理。土地法是法律体系中的一部分,是用以调整在土地资源开发、利用和管理中所发生的人与人之间的土地关系的法律规范。

土地法制管理的内容包括制定与实施土地法律法规,建立各种管理制度,严格依法进行各项土地管理活动,开展土地执法监察,加强土地违法案件的查处,土地法规贯彻执行情况的监督检查等。

土地法制管理的任务是运用土地法制手段调整土地关系,创造并保持能够对土地资源进行合理的开发、利用、治理和保护的社会环境条件。为此,要规定人们(法人和自然人)在开发、利用、治理和保护活动中的权利和义务,规定管理措施,建立制度和机构,对违法行为应负的法律责任及追究责任的程序也作明确的规定。

二、土地监察管理

土地法律法规执行的怎么样,土地行政管理部门要进行监督和检查,这就是土地监察。土地监察是国家领导组织管理土地的重要手段之一,是指土地管理部门为了实现其行政管理职能,依法按照一定的程序和方式,对一切机关、团体、单位和个人遵守土地管理法规、法律的情况进行监督检查,对违法者实施行政制裁的行政执法活动。土地监察是一种行政监督,土地监察制度是一种行政法律制度。土地监察机构的监督活动是代表国家意志和广大人民利益的行政行为。被监督与监督之间是平等的关系。

1. 土地监察的基本原则

土地管理部门开展土地监察工作,必须遵循坚持维护社会主义土地公有制,城乡土地统一管理,"预防为主,惩处为辅",

以及维护法律尊严的原则来进行。

2. 土地监察的任务

土地监察的基本任务主要有：监督检查有关土地法律、法规的执行情况，发现和纠正违反有关土地法律、法规的行为；监督检查本行政区内的单位及个人对土地使用、开发、利用、复垦、整治、保护和权属变更的情况，监察外商投资开发经营成片土地的情况；监察检查下级土地管理部门及乡级人民政府土地监察情况；监察检查土地市场的经营活动，对土地使用权的出让、转让、出租、抵押、终止进行监督检查，整理和整顿土地隐形市场；调查处理土地违法案件和土地侵权案件，检查督促下级土地管理部门或乡级人民政府对土地违法案件的查处；受理单位、个人对违反土地法律、法规行为的检举控告；受理被处罚对象对处罚规定不服而要求复议的申请；协助有关部门调查处理土地管理人员秉公执法而遭打击报复的案件。

三、土地国家督察制度

1. 什么是国家土地督察制度

2007年2月《京华时报》披露，北京顺义区木林镇"以租代征"圈地建跑马场。国家土地督察北京局根据这一线索，启动应急督察机制，两次到现场实地勘察并向北京市政府下达了督察制度建立以来的第一份整改意见书，要求北京市对跑马场案件依法处理，北京市政府高度重视，并及时进行了处置。目前该项目已经停工，有关责任人受到法律追究。此案还促使北京市对所辖14个区县"以租代征"进行清理，并对查出的"以租代征"违法批地项目进行立案处理（《中国土地》2007年第7期）。这是国家土地督察工作的一个缩影。

国家土地督察制度是我国土地执法监察体制的重要组成部分，是国家为加强对地方政府土地管理行为的监督检查而设立的一项国家土地管理制度。

国家土地督察机构由国务院授权成立，国家土地总督察代表国务院行使监督检查的职权，督察的对象主要是地方政府的土地利用和管理行为。

根据《国务院办公厅关于建立国家土地督察制度有关问题的通知》精神，经国务院授权，由国土资源部行使国家土地督察职权，代表国务院对各省（区、市）以及计划单列市土地利用和管理情况进行监督检查，具体工作由国家土地总督察、副总督察负责。

2. 国家土地督察机构设置及其职责

国家土地督察机构设置如图 7-2 所示，国务院授权国土资源部代表国务院对各省、自治区、直辖市，以及计划单列市人民政府土地利用和管理情况进行监督检查。设立国家土地总督察 1 名，由国土资源部部长兼任；兼职副总督察 1 名，由国土资源部 1 名副部长兼任；专职副总督察（副部长级）1 名。国家土地总督察、副总督察负责组织实施国家土地督察制度。

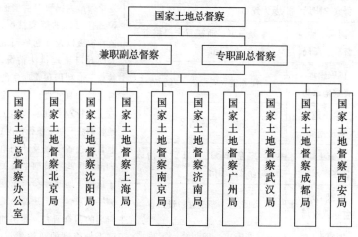

图 7-2 国家土地督察机构设置示意图

在国土资源部设立国家土地总督察办公室（正局级）。其主要职责是：拟定并组织实施国家土地督察工作的具体办法和管理制度；协调国家土地督察局工作人员的派驻工作；指导和监督检查国家土地督察局的工作；协助国土资源部人事部门考核和管理国家土地督察局工作人员；负责与国家土地督察局的日常联系、情况沟通和信息反馈工作。

由国土资源部向地方派驻9个国家土地督察局（图7-3，表7-12），派驻地方的国家土地督察局为正局级，每个国家土地督察局设局长1名、副局长2名和国家土地督察专员（司局级）若干名。根据工作需要，国家土地督察局可以适时向其督察范围内的有关省、自治区、直辖市及计划单列市派出国家土地督察专员和工作人员进行巡视与督察。

国家土地督察局设置及其职责　　　　表7-12

国家土地督察局	督察范围	主要职责
国家土地督察北京局	北京市、天津市、河北省、山西省、内蒙古自治区	监督检查省级以及计划单列市人民政府耕地保护责任目标的落实情况；监督省级以及计划单列市人民政府土地执法情况，核查土地利用和管理中的合法性和真实性，监督检查土地管理审批事项和土地管理法定职责履行情况；监督检查省级以及计划单列市人民政府贯彻中央关于运用土地政策参与宏观调控要求情况；开展土地管理的调查研究，提出加强土地管理的政策建议；承办国土资源部及国家土地总督察交办的其他事项
国家土地督察沈阳局	辽宁省、吉林省、黑龙江省及大连市	″
国家土地督察上海局	上海市、浙江省、福建省及宁波市、厦门市	″
国家土地督察南京局	江苏省、安徽省、江西省	″
国家土地督察济南局	山东省、河南省及青岛市	″
国家土地督察广州局	广东省、广西壮族自治区、海南省及深圳市	″
国家土地督察武汉局	湖北省、湖南省、贵州省	″
国家土地督察成都局	重庆市、四川省、云南省、西藏自治区	″
国家土地督察西安局	陕西省、甘肃省、青海省、宁夏回族自治区、新疆维吾尔自治区、新疆生产建设兵团	″

派驻地方的国家土地督察局，代表国家土地总督察履行监督检查职责。其主要职责见表7-12。

3. 国家土地督察制度的实施

依照法律规定由国务院审批的农用地转用和土地征收事项，省级人民政府在报国务院时，应将上报文件同时抄送派驻地区的国家土地督察局（图7-3，《中国土地》2007年第7期）。派驻地区的国家土地督察局发现有违法违规问题的，应及时向国家土地总督察报告。依照法律规定由省级和计划单列市人民政府审批的农用地转用和土地征收事项，应及时将批准文件抄送派驻地区的国家土地督察局。派驻地区的国家土地督察局发现有违法违规问题的，应在30个工作日内提出纠正意见。

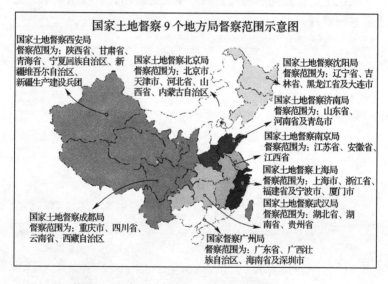

图7-3　国家土地督察9个地方局督察范围示意图

对监督检查中发现的问题，派驻地区的国家土地督察局应及时向其督察范围内的相关省级和计划单列市人民政府提出整改意见。对整改不力的，由国家土地总督察依照有关规定责令限期整改。整改期间，暂停被责令限期整改地区的农用地转用和土地征收的受理和审批。整改工作由省级和计划单列市人民政府组织实施。结束对该地区整改，由派驻地区的国家土地督察局审核后，报国家土地总督察批准。

国家土地督察局的人员实行异地任职，定期交流。国家土地督察局不认真履行职责、监督检查不力的，应承担相应责任。

派驻地区的国家土地督察局负责对其督察范围内地方人民政府土地利用和管理情况进行监督检查，不改变、不取代地方人民政府及其土地主管部门的行政许可、行政处罚等管理职权。

派驻地区的国家土地督察局履行监督检查职责，不直接查处案件。对发现的土地利用和管理中的违法违规问题，由国家土地总督察按照有关规定通报监察部等部门依法处理。

国家土地督察局所需经费列入中央财政预算，按照国家有关规定进行管理。

问题索引

第一章 概述
1. 什么是土地? ……………… 1
2. 什么是土地资源? ……… 1
3. 我国土地资源的特点是什么? ……………… 1
4. 土地资源利用存在哪些问题? ……………… 5
5. 开发利用土地资源的对策有哪些? ……………… 9
6. 什么是可持续发展? … 13
7. 土地资源可持续利用的措施是什么? ……………… 14

第二章 农村土地资源规划
1. 什么是土地利用规划? ……………… 17
2. 如何理解土地利用规划的作用? ……………… 18
3. 农村土地资源规划的内容包括什么? ……………… 20
4. 什么是耕地? ……………… 22
5. 我国有哪几种耕地利用组织形式? ……………… 22
6. 怎样确定田块的长度? ……………… 23
7. 应怎样设计耕地田块的外形? ……………… 25
8. 应怎样设计耕地田块的方

向? ……………… 26
9. 灌排渠系配置的原则有几项? ……………… 27
10. 田间道路有几种及配置要求如何? ……………… 32
11. 配置农田防护林涉及到什么问题? ……………… 32
12. 果园用地所要求的基本条件是什么? ……………… 36
13. 各类林地的配置方式有几种? ……………… 42
14. 配置放牧地段应考虑哪几项因素? ……………… 45
16. 农村宅基地的规划有哪些标准? ……………… 53
17. 农村道路的各种用地指标是什么? ……………… 57

第三章 农村土地资源开发
1. 什么是土地资源开发? ……………… 58
2. 土地开发有几种类型? ……………… 58
3. 宜农荒地有什么特点? ……………… 60
4. 宜农荒地开发的原则是什么? ……………… 61
5. 沿海滩涂开发的原则是什

239

么？ …………………… 73
6. 滩涂开发有几种
　　模式？ …………………… 76
7. 滩涂开发的机制
　　是什么？ ………………… 79
8. 闲散土地有哪几种
　　类型？ …………………… 81
9. 主要庭院经营模式
　　有几种？ ………………… 83
10. 我国村庄建设用地存在哪
　　些问题？ ………………… 92
11. 村庄建设用地整理有几种
　　模式？ …………………… 93
12. "空心村"整治可采用的
　　方式有哪几种？ ………… 96

第四章　农村土地资源利用

1. 土地利用现状分类一级类与
　　二级类有哪些？ ………… 98
2. 什么是土地需求量
　　预测？ ………………… 116
3. 我国耕地需求量预测地
　　方法？ ………………… 117
4. 土地利用结构调整的原则
　　是什么？ ……………… 120
5. 农业用地结构调整的主要内
　　容是什么？ …………… 122
6. 非农业用地结构调整有什么
　　内容？ ………………… 122
7. 什么是土地利用
　　分区？ ………………… 124
8. 土地利用分区的要求
　　是什么？ ……………… 126
9. 我国用途地域划分的内容是

　　什么？ ………………… 131

第五章　农村土地资源整治

1. 什么是土壤侵蚀？ …… 136
2. 土壤侵蚀的原因
　　是什么？ ……………… 136
3. 我国土壤侵蚀和水土流失的
　　现状如何？ …………… 137
4. 土壤侵蚀和水土流失有哪些
　　危害？ ………………… 139
5. 水土流失有哪些治理
　　措施？ ………………… 146
6. 土地沙化的概念
　　是什么？ ……………… 151
7. 防止土地沙化有什么
　　措施？ ………………… 155
8. 土地盐碱化的概念
　　是什么？ ……………… 158
9. 土地盐碱化如何
　　形成？ ………………… 159
10. 什么是土地潜
　　育化？ ………………… 164
11. 潜育化土壤形成的原因是
　　什么？ ………………… 165
12. 什么是土地污染？ … 171
13. 土地污染的危害有
　　哪些？ ………………… 172
14. 土地污染防止的对策是什
　　么？ …………………… 173

第六章　农村土地资源保护

1. 什么是土地保护？ …… 178
2. 我国土地保护应采取哪些措
　　施？ …………………… 179
3. 什么是基本农田？ …… 181

4. 建立基本农田保护制度的意义是什么？ …………… 182
5. 基本农田保护的主要措施有哪些？ …………… 184
6. 我国土地、水资源污染的现状如何？ …………… 187
7. 生态环境保护的主要措施是什么？ …………… 193
8. 保护生态环境的重心在哪儿？ …………… 200

第七章 农村土地资源管理

1. 什么是土地资源管理？ …………… 206
2. 什么是土地所有制？ …………… 207
3. 土地管理的主要内容有哪些？ …………… 209
4. 土地用途管制制度的内容有哪些？ …………… 217
5. 什么是地籍管理？ …… 218
6. 土地登记的程序有哪些？ …………… 221
7. 什么是土地经济管理？ …………… 222
8. 什么是土地价格？ …… 224
9. 我国土地价格的形式有几种？ …………… 225
10. 交易地价的形式有几种？ …………… 226
11. 什么是土地法制管理？ …………… 233
12. 土地监察的任务是什么？ …………… 234
13. 什么是国家土地督察制度？ …………… 234
14. 国家土地督察的职责是什么？ …………… 235

参 考 文 献

[1] 王秋兵. 土地资源学 [M]. 北京：中国农业出版社，2003

[2] 陈百明. 中国粮食自给率与耕地资源安全底线的探讨. [J]. 经济地理，2005，25（2）

[3] 孙婷，周宝同. 中国土地资源安全度研究以土地资源的人口承载力为标准 [J]. 资源开发与市场 200622（4）

[4] 王万茂，韩桐魁. 土地利用规划学. 北京：中国农业出版社，2003

[5] 国土资源部. 土地开发整理项目规划设计规范，2006

[6] 国土资源部. 基本农田建设设计规范，2006

[7] 山东省村庄建设规划编制技术导则，2006

[8] 陈晓华，张小林. 城市化进程中农民居住集中的途径与驱动机制. 特区经济，2006，（1）

[9] 陈志强. 小康建设中如何解决好农民住房问题. 国土资源导刊，2005年（5）

[10] 范学科，李鹤荣."四荒"拍卖在黄土高原地区环境整治中的实践。林业经济，2003

[11] 何树金，王仰麟，罗明等. 中国典型地区沿海滩涂资源开发 [M]. 北京：科学出版社，2005

[12] 李昌友，黄旭军，田心元. 实施土地开发整理权属调整的对策建议. 国土经济，2001

[13] 凌申. 江苏东部沿海滩涂生态经济建设的思考. 生态经济，2001

[14] 吕宁丰，张小川，马卫东，伍元胜，陈荣震. 荒山变成"金银滩"，探访乌江十里农庄经济带. 南京日报. 2003. 4. 13

[15] 彭勇. 滩涂开发利用与可持续发展研究. 水利科技与经济，2006

[16] 宁新路，张晋伟，周智. 浦江：土地整改推进农业产业化经营. 农产品加工网，2006. 6. 25

[17] 彭建，王仰麟，景娟，等. 中国东部沿海滩涂资源不同空间尺

度下的生态开发模式［J］. 地理科学进展, 2003

［18］裘江海. 浅论新围滩涂立体开发模式. 浙江水利科技, 2005

［19］单途. 以退宅还耕为突破口强力推进农村土地整理. 河南国土资源, 2004

［20］师学义, 陈丽, 杜轶, 赵敏. 潞城市农村居民点整理潜力研究. 山西农业大学学报, 2003

［21］田良, 谢恩年. 东营、潍坊、滨州滩涂开发的调查与思考. 齐鲁渔业, 2001

［22］王丕章 李庆春. 辽宁耕地后备资源的数量、质量及其开发途径. 辽宁农业科学, 1997

［23］绿化美化村庄孝感建成300多个"万树村". 荆楚网, 2006.03.27

［24］袁雄雷, 张建国. 启东市开发沿海滩涂的思考. 沿海都市, 2003

［25］张长春, 陈英, 朱永明. 宜农荒地价格评估初探. 河北农业大学学报, 2002

［26］张正峰, 陈百明. 土地整理潜力分析. 自然资源学报, 2002年

［27］政协全国委员会经济委员会、人口资源环境委员会专题调研组. 沿海滩涂开发利用是篇大文章. 中国土地. 2000年第9期

［28］"地埂经济"助鹿泉农民增收. 鹿泉农业信息网. 2006.09.04

［29］徽成盆地发展特色农业见闻. 甘肃新闻网. 2006.08.21

［30］我国将全面加强沿海防护林建设 构建绿色屏障. 新华网. 2005.08.11

［31］孟晟平. 集约利用土地, 优化村居环境——对广西村庄建设用地整理几个问题的思考. 南方国土资源网, 2004.8.25

［32］志民, 广超, 孟印. 曲周：五种模式解难题. 河北精神文明网, 2005.07.22

［33］张平, 张祖华, 魏东岳. 加大土地整理力度 为建设和谐新农村助力［J］. 中国土地, 2006

［34］赵华璞. 土地整理及土地整理项目的相关研究综述［J］. 中国科技信息, 2005

［35］侯华丽, 杜舰. 土地发展权与农民权益的维护［J］. 农村经济, 2005

［36］范辉, 董捷. 试论农地发展权［J］. 农村经济, 2005

[37] 姜爱林. 关于21世纪初我国耕地保护目标的几个问题 [J]. 国土经济, 2001

[38] 范辉, 董捷. 试论设定农地发展权对土地征用的积极意义 [J]. 新疆农垦经济, 2004

[39] 王静. 21世纪我国土地资源可持续利用管理战略 [J]. 中国人口、资源与环境, 2001

[40] 陈雷. 中国的水土保持 [J]. 中国水土保持, 2002

[41] 温美丽, 刘宝元, 叶芝菡, 付金生. 免耕与土壤侵蚀研究进展 [J]. 中国生态农业学报. 2006

[42] 郑香英, 殷国庆, 王建军, 郑小斌. 低丘红壤开发与复合农林业对土壤侵蚀的影响 [J]. 亚热带水土保持, 2006

[43] 赵明鹏, 张震斌, 周立岱. 阜新矿区地面塌陷灾害对土地生产力的影响 [J]. 中国地质灾害与防治学报, 2003

[44] 李海鸥. 我国土地沙化与防治对策 [J]. 环境保护, 2002

[45] 张海林, 陈阜, 秦耀东等. 覆盖免耕夏玉米耗水特性的研究 [J]. 农业工程学报. 2002

[46] 路明. 发挥农业科技的作用, 综合治理沙尘暴和沙漠化土地. 青海科技. 2003

[47] 梁远. 秸秆残茬覆盖在北方寒地的应用分析 [J]. 农机化研究. 2005

[48] 苏玉明. 土地盐碱化成因的定量分析 [J]. 水利水电技术. 2002

[49] 宇振荣, 王建武. 中国土地盐碱化及其防治对策研究 [J]. 农村生态环境. 1997

[50] 王勇, 张宝林, 侯永堂. 滴灌条件下盐渍化土壤盐分运移规律的研究 [J]. 内蒙古水利. 2002

[51] 贾探民, 杜双田, 周雷. 盐碱地改良的主要农艺措施 [J]. 垦殖与稻作, 2001

[52] 熊明彪, 舒芬, 宋光煜, 胡恒. 南方丘陵区土壤潜育化的发生与生态环境建设 [J]. 土壤与环境. 2002

[53] 黄兆强. 福建冷浸田的低产因素及其改良利用 [J]. 土壤肥料, 1996

[54] 马毅杰, 陆彦椿, 赵美芝等. 长江中游平原湖区土壤潜育化沼

泽化的发展趋势与改良利用 [J]. 土壤, 1997

[55] 古汉虎. 水旱轮作改良利用潜育化水稻土的研究 [J]. 热带亚热带土壤科学, 1995

[56] 王兴利. 我国土地污染与防治 [J]. 国土资源, 2002

[57] 张凤荣, 等. 中国土地资源及其可持续利用 [M]. 北京: 中国农业大学出版社, 2000

[58] 中华工商时报 2007. 10. 08

[59]《经济日报》2008年1月15日

[60] 章力建, 黄修桥等. 农田灌溉系统中的立体污染及防治对策 [J]. 灌溉排水学报. 第24卷第6期

[61] 汪殿蓓. 我国农业生态环境现状及问题的几点思考 [J]. 现代化农业. 2003

[62] 高树铭. 沼液的综合利用 [J]. 农家致富, 2005

[63] 石中元. 生态农业模式实例简介 [J]. 农业新技术, 2002

[64] 王万茂. 土地资源管理学. 北京: 高等教育出版社, 2003

[65] 陆红生. 土地管理学总论. 北京: 中国农业出版社, 2005

[66] 毕宝德. 土地经济学. 北京: 中国人民大学出版社, 2005

[67] 欧明豪. 土地利用管理. 北京: 中国农业出版社, 2003